よくわかる！
保育士エクササイズ

⑫

子ども家庭支援論
演習ブック

松本峰雄 監修

大野地平/我謝美左子/小山朝子/遠田康人/野澤純子 著

ミネルヴァ書房

はじめに

　保育を取り巻く社会情勢が変化する中、児童福祉の理念を明確化するなどの目的で、2016（平成28）年6月に「児童福祉法」が改正され、それに伴い、「保育所保育指針」「幼稚園教育要領」「幼保連携型認定こども園教育・保育要領」も改定（訂）され、それぞれの関係省庁から2017（平成29）年3月31日に告示されました。

　これを踏まえ、より実践力のある保育士の養成に向けて、指定保育士養成施設の修業教科目（保育士養成課程）の改正告示が行われ、2019（平成31）年4月1日より適用されることになりました。改正された「子ども家庭支援論」は、旧来の「家庭支援論」と「相談援助」が統一された教科内容になりました。「子ども家庭支援論」の目標は、以下のとおりです。

1．子育て家庭に対する支援の意義・目的を理解する。
2．保育の専門性を活かした子ども家庭支援の意義と基本について理解する。
3．子育て家庭に対する支援の体制について理解する。
4．子育て家庭のニーズに応じた多様な支援の展開と子ども家庭支援の現状、課題について理解する。

　現在、家庭をめぐる課題は山積し、その課題を保育者として理解することは、子どもや保護者支援の側からも当然のことといえます。
　本書の内容は、「保育士養成課程を構成する各教科目の目標及び教授内容について」に準拠し、またその特徴は、「子ども家庭支援論」を初めて学ぶ学生により理解できるような平易な文章表現とし、難しい専門用語には解説を加え、また、理解が進むよう図表や事例をあげ、さらに、それぞれのコマの最後に演習課題を設け、より一層理解が深まるように編集し、保育者になった後も現場で活用できるような構成になっています。
　このテキストを使用し、子どもや保護者から信頼される素晴らしい保育者を目指して勉学されることを期待しています。

2023年8月

松本峰雄

CONTENTS

本書の使い方

❶まず、「今日のポイント」でこのコマで学ぶことの要点を確認しましょう。
❷本文横には書き込みやすいよう罫線が引いてあります。授業中気になったことなどを書きましょう。
❸語句説明、重要語句やプラスワンは必ずチェックしましょう。
❹授業のポイントになることや、表、グラフを見て理解してほしいことなどについて、先生のキャラクターがセリフでサポートしています。チェックしましょう。
❺おさらいテストで、このコマで学んだことを復習しましょう。おさらいテストの解答は、最初のページの「今日のポイント」で確認できます。
❻演習課題は、先生にしたがって進めていきましょう。一部の課題については巻末に答えがついていますが、あくまで解答の一例です。自分で考える際の参考にしましょう。

第1章

||||||||||||||||||||||||||||||||||||||||||||||||||||||||||||||||||||||||||

子ども家庭支援の
意義と役割

この章では、子ども家庭支援とは何か、どんな人が対象なのかについて学びます。
「子ども家庭」を支援するという考え方は、近年の日本の子どもや家庭をめぐる
さまざまな問題から生まれてきました。子どもとその保護者が支援の対象になりますが、
常に「子ども」を中心として考えなければならないことは言うまでもありません。
この章でくわしく学んでいきましょう。

子ども家庭支援の
意義と目的

今日のポイント

1. 子ども家庭支援の意義と目的は、子どもの最善の利益の達成にある。
2. 子ども家庭支援の必要性は、子どもと家庭を取り巻く環境が影響する。
3. 子ども家庭支援の機能は、子どもと家庭を支えるためにある。

1 子ども家庭支援の意義

「子ども家庭支援」では誰を支援するかを考える際、多くの皆さんは、「家庭」という言葉に重きを置かれるのではないでしょうか。確かに子ども家庭支援という言葉のなかでは、「家庭支援」という言葉が目立ちます。しかし、保育のなかで真ん中に置かれるべきは「子ども」です。「子どもの最善の利益*」という言葉に代表されるように、すべての子どもは、大人から守られなければならないものとされ、国や国民はその育ちを育む責務を負っています。

では、なぜ「子ども家庭支援」という言葉が出てきたのでしょうか。それは、多くの子どもは、家庭での生活をとおして愛着形成がなされ、そこで大人に対する信頼感を育むからです。したがって、家庭とは、子どもにとってとても大切な存在です。しかし、現実の社会をみると、雇用状況の変動や社会情勢の変化によって家庭が必ずしも安定したところではない場合があります。また、家庭が安定していても、子育てという行為は、親などの保護者にとって大変なものです。そのようななかで、子どもの健全な発達を支援するには、子ども自身に目を向けケアをすることは当然のこととして、その周囲にある地域や社会、とりわけ多くの時間を過ごし、子どもの成長にとって重要な役割を果たす「家庭」への支援が論じられるようになったのです。

✏️ **重要語句**

子どもの最善の利益

→子どもに関わることは大人の都合で勝手に決めるのではなく、長期的な視点から何が子どもにとって幸せとなることなのかを考えて判断しなければならないという原則のこと（中坪ほか、2021年、279頁）。

💬 **プラスワン**

子どもの最善の利益

「児童福祉法」第2条で、「全て国民は、児童が良好な環境において生まれ、かつ、社会のあらゆる分野において、児童の年齢及び発達の程度に応じて、その意見が尊重され、その最善の利益が優先して考慮され、心身ともに健やかに育成されるよう努めなければならない」とされている。

2　子ども家庭支援の必要性

1　子ども家庭支援の背景にあるもの

① 少子化の問題

　では、子どもと家庭を取り巻く社会環境について考えていきましょう。わが国の現状を考える際に避けて通れない課題として、少子高齢社会というものがあります。これは、子どもの出生数が減少し、子どもの占める人口割合が低くなる少子化と、65歳以上の高齢者の人口が占める割合が高くなる高齢化が同時に起こっている社会のことを指します。

　図表1-1はわが国の出生数と合計特殊出生率の年次推移です。出生数とは、その年ごとに生まれた子どもの数を示します。合計特殊出生率は15～49歳までの女性が生涯の間に出産すると考えられる平均の数を示します。この2つの指標を合わせたものが、図表1-1です。ポイントとして、出生数については、1973年以降は基本的に減少傾向にあるという点、そして、合計特殊出生率が最新の2021年で1.30になっていることがあります。現在のわが国の人口を維持するには合計特殊出生率が2.07程度必要とされています（人口置換水準）が、それを大きく下回っています。

　図表1-2は2021年におけるわが国の人口ピラミッドです。これをみてもわかるように、年齢が若くなるほどグラフが短くなっています。つまり、出生数が減少しているということです。同時に65歳以上の人口が19

図表1-1　出生数および合計特殊出生率の年次推移

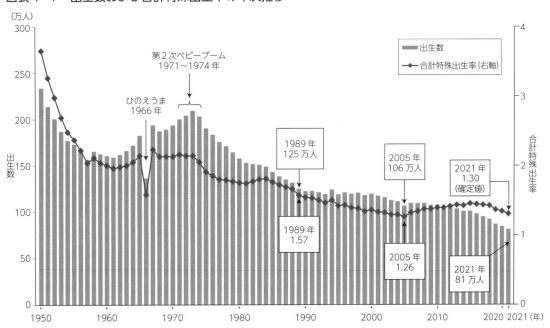

出典：内閣府『令和4年版 少子化社会対策白書』2022年をもとに作成
https://www8.cao.go.jp/shoushi/shoushika/whitepaper/measures/w-2022/r04pdfhonpen/r04honpen.html（2022年10月12日確認）

図表 1-2　日本の人口ピラミッド

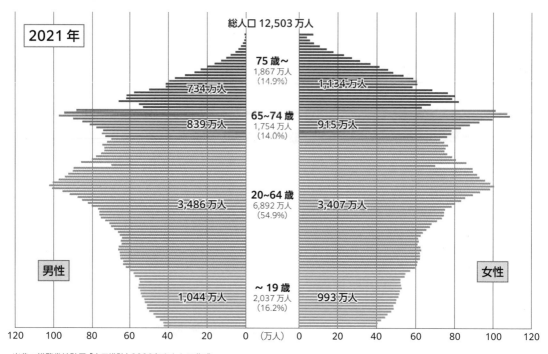

2021 年

総人口 12,503 万人

75 歳～
1,867 万人
(14.9%)
734 万人　　1,134 万人

65～74 歳
1,754 万人
(14.0%)
839 万人　　915 万人

20～64 歳
6,892 万人
(54.9%)
3,486 万人　　3,407 万人

男性　　　　女性

～ 19 歳
2,037 万人
(16.2%)
1,044 万人　　993 万人

120 100 80 60 40 20 0 （万人） 0 20 40 60 80 100 120

出典：総務省統計局「人口推計」2020年をもとに作成

歳までの人口を超えています。このことは、日本の社会福祉に関する施策が社会保険料や税金によって運営されているので、高齢者福祉の負担を維持するためには、税金や保険料の増加を若い世代が負担することを示しています。さらにいえば、少子化により社会福祉を中心とした施策のみならず、税金で賄われているさまざまな施策も成り立たなくなる可能性や、人材不足でサービスが提供できなくなる可能性もあります。このように、少子高齢化、特に少子化は社会に大きな課題を生み出しているといえます。

② 雇用の問題

　では、なぜこのような少子化となったのかを考えてみましょう。1 つの視点として「就労状況」という点からみていきます。

　図表 1-3 は若者の非正規雇用の割合を示したグラフです。これをみると、15 歳から 24 歳までの若者の非正規雇用割合は、男性 48.7%、女性 52.4% と高い割合を示しています。また、年齢が 25～34 歳となっても、男性で 13.9%、女性で 31.8% が非正規雇用となっています。つまり、安定的な収入がいつ断たれてもおかしくない状況にこれだけの割合の若者が立たされているということになります。

　その結果として、図表 1-4 をみると、日本の経済状況に陰りがみえ始める 1997 年とその 20 年後の 2017 年を比較しています。20 歳代は所得のピークが低くなり、30 歳代は所得自体が減少傾向となり、低所得での生活となるケースが多くなります。つまり、これから結婚をし、家庭を築く若年層が過去と比較して経済的な不安定さを抱えていることがわかります。

図表 1-3　若者の非正規雇用割合

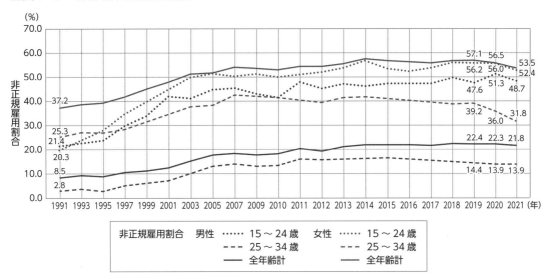

注：1）非正規雇用割合については、2001 年までは「労働力調査特別調査」（2 月調査）、2002 年以降は「労働力調査（詳細集計）」（1 ～ 3 月平均）による。
　　　調査月（2001 年までは各年 2 月、2002 年以降は 1 ～ 3 月平均の値）が異なることなどから、時系列比較には注意を要する。
　　2）労働力調査では、2011 年 3 月 11 日に発生した東日本大震災の影響により、岩手県、宮城県及び福島県において調査実施が一時困難となった。
　　　ここに掲載した、2011 年の数値は補完的に推計した値（2005 年国勢調査基準）である。
出典：図表 1-1 と同じ

図表 1-4　20 歳代・30 歳代の所得分布

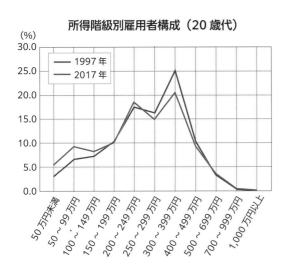

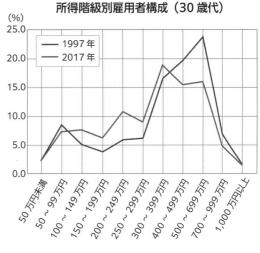

注：所得が不詳の者は除いて算出している。
出典：図表 1-1 と同じ

図表 1-5　妻の年齢別にみた、理想の数の子をもたない理由

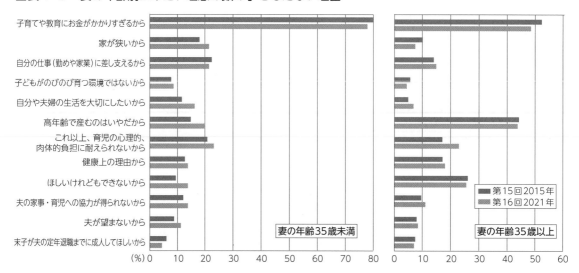

注：対象は予定子ども数が理想子ども数を下回る、妻の調査時年齢50歳未満の初婚どうしの夫婦。不詳を含まない選択率。
　　複数回答のため合計値は100％を超える。客体数（35歳未満、35歳以上）は第15回が（183、1,070）、第16回（117、737）。
出典：国立社会保障・人口問題研究所「2021年社会保障・人口問題基本調査〈結婚と出産に関する全国調査〉」2021年

　さらに図表 1-5 をみると、いざ結婚し家庭をもっても、子育てや教育にお金がかかりすぎるという理由で出産をためらうことがわかります。このような状況を整理すると、経済的な理由によって結婚や出産をためらう状況が生じていることがわかり、結果として、結婚費用が貯蓄されるまで結婚しないという晩婚化や晩産化ということになり、少子化を招くこととなっています。

　このように、少子化には、男性女性を問わず、いざ結婚ということになると経済的な不安定があり、踏み切ることが困難であるということがわかります。当然、経済的な不安定のみが少子化の要因ではありませんが、大きな要因のうちの一つであることは明確です。

2 子どもを取り巻く環境

　少子化が進み、子どもの数が少なくなればそれだけ手厚くケアできると考えられがちですが、残念ながら現状はそのようにはなっていません。

　図表 1-6 は令和 3 年度までの各児童相談所が対応した児童虐待相談対応件数の推移です。令和 3 年度は、20万7,660件と報告され、令和 3 年度に至るまで対応件数が増加していることもわかります。この数値はあくまでも対応件数であるため、潜在化している児童虐待はまだ相当数あるものと考えられています。この児童虐待件数の増加は、DV（ドメスティックバイオレンス）の増加にともない、警察からの相談や通告が増えたことに起因するところが大きいのです。たとえば、両親の一方がもう一方に対し暴力を振るった場合、その様子を子どもが目の当たりにします。これが面前DVといわれるものです。その子どもは心理的虐待として被虐待児となります。

図表 1-6　児童相談所での児童虐待相談対応件数とその推移（速報値）

年度	平成21年度	平成22年度	平成23年度	平成24年度	平成25年度	平成26年度	平成27年度	平成28年度	平成29年度	平成30年度	令和元年度	令和2年度	令和3年度
件数	44,211	56,384注	59,919	66,701	73,802	88,931	103,286	122,575	133,778	159,838	193,780	205,044	207,660
対前年度比	+3.6%	—	—	+11.3%	+10.6%	+20.5%	+16.1%	+18.7%	+9.1%	+19.5%	+21.2%	+5.8%	+1.3%

注：平成22年度の件数は、東日本大震災の影響により、福島県を除いて集計した数値。
出典：厚生労働省「令和4年度全国児童福祉主管課長・児童相談所長会議資料」2022年を一部改変
https://www.mhlw.go.jp/stf/seisakunitsuite/bunya/000019801_00005.html（2022年10月12日確認）

図表 1-7　母子世帯数および父子世帯数の推移

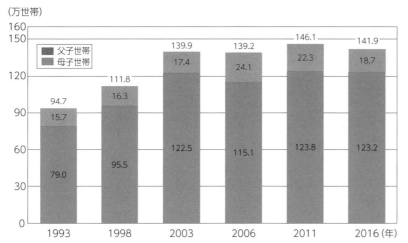

出典：内閣府「男女共同参画白書 令和4年版」2022年を一部改変
https://www.gender.go.jp/about_danjo/whitepaper/r04/zentai/pdfban.html（2022年10月12日確認）

　児童虐待以外にも児童を取り巻く問題は多くあります。文部科学省の調査によれば、令和3年度の小・中・高等学校および特別支援学校におけるいじめの認知件数は61万5,351件（前年度51万7,163件）であり依然として多い数で推移しています（文部科学省「令和3年度　児童生徒の問題行動・不登校等生徒指導上の諸課題に関する調査結果について」2022年）。また、子どもの自殺も年間で514人となっています（警察庁「自殺統計」2022年）。

　さらに、ひとり親家庭の問題も考えなければなりません。図表1-7は、わが国のひとり親世帯の数をグラフ化したものですが、母子世帯、父子世帯合わせて約142万世帯がひとり親世帯となっています。このうち、母子世帯の約3割が年間所得200万円未満となっており、生計を成り立たせることが苦しく、子どもの養育に著しい影響があります。

　ここにあげたことはあくまで一例です。それ以外にもさまざまな困難な状況下にある子どもや家庭を支援する意味でも、子ども家庭支援が必要となるのです。

子どもがほしくてももてないのには理由があるんですね。

3 子ども家庭支援への期待

　ここまでみてきたように、子どもを取り巻く環境や家庭を取り巻く環境、経済的な課題などが子どもに大きく影響することが明らかです。では、この問題を解決する手段はないのでしょうか。この節で考えたいのは、子どもとその家庭を支援するということであり、これを社会的な問題としてとらえることの重要性を浸透させる必要性です。

　2007年に「仕事と生活の調和（ワーク・ライフ・バランス）憲章」および「仕事と生活の調和推進のための行動指針」が策定されました。「仕事と生活の調和憲章」では、「仕事と生活の調和が実現した社会の姿」を以下のように表しています。

> 　仕事と生活の調和が実現した社会とは、「国民一人ひとりがやりがいや充実感を感じながら働き、仕事上の責任を果たすとともに、家庭や地域生活などにおいても、子育て期、中高年期といった人生の各段階に応じて多様な生き方が選択・実現できる社会」である。

　多様な生き方、生活を実現するには、仕事と生活の調和が大切であることが書かれています。

　仕事だけ、生活だけの生き方ではなく、自分の生き方を大切にすることで人生は豊かなものとなります。子どもにとって、就労する年齢のときにそういう世の中になるようにするために大人がその準備をすること、また、子育て家庭のワーク・ライフ・バランスが父親も母親も実現すると生活にゆとりが生まれ、子どもの人生が豊かになるということ、大人はこのような社会を築けるように努力をすることが求められるのです。

おさらいテスト

❶ 子ども家庭支援の意義と目的は、[　　　　　]の達成にある。
❷ 子ども家庭支援の必要性は、子どもと[　　　　　]を取り巻く環境が影響する。
❸ 子ども家庭支援の機能は、[　　　　　]を支えるためにある。

ディスカッション

①子どもを育てるうえで、どのようなことが大変かを考え、話し合ってみましょう。

②親という立場になったとき、どのような困難が予想されるか、話し合ってみましょう。

③②の困難をどのように解消したらよいと思いますか。グループで話し合い、発表してみましょう。

子ども家庭支援の内容と対象

1. 子ども・子育て支援は、家庭、学校、地域、職域その他の社会のあらゆる分野におけるすべての構成員が、各々の役割を果たす。
2. 1994年のエンゼルプランから少子化対策がスタートしたが、近年は「子育て」がキーワードとなっている。
3. 「保育所保育指針」などを見ると、子育て支援の対象は子どもを取り巻く環境すべてである。

1　子ども家庭支援の内容

1　子ども家庭支援の基本理念

　1コマ目では子ども家庭支援の必要性を中心に述べてきました。ここでは、子ども家庭支援がどのような基本理念をもっているかという点からスタートします。わが国では、「日本国憲法」第25条の「生存権」を中心に法整備がなされており、また子どもに関する法律の一番の基礎にあるのは「児童福祉法」です。「児童福祉法」第1条、第2条には以下のとおり記載されています。

第1条　全て児童は、児童の権利に関する条約の精神にのつとり、適切に養育されること、その生活を保障されること、愛され、保護されること、その心身の健やかな成長及び発達並びにその自立が図られることその他の福祉を等しく保障される権利を有する。

第2条　全て国民は、児童が良好な環境において生まれ、かつ、社会のあらゆる分野において、児童の年齢及び発達の程度に応じて、その意見が尊重され、その最善の利益が優先して考慮され、心身ともに健やかに育成されるよう努めなければならない。

②児童の保護者は、児童を心身ともに健やかに育成することについて第一義的責任を負う。

③国及び地方公共団体は、児童の保護者とともに、児童を心身ともに健やかに育成する責任を負う。

　内容は、「子どもの権利条約*」でいう子どもの最善の利益が基礎となっていること、さらに、子どもの健全な発達には「国及び地方公共団体」が保護者とともに健全な育成の責任があげられています。ここでポイントにな

重要語句

子どもの権利条約

→正式には「児童の権利に関する条約」。日本では1994（平成6）年に批准されている。子どもの生きる権利、守られる権利、育つ権利、参加する権利を柱としている（中坪ほか、2021年、410頁）。

るのは「保護者」です。ここでは、保護者が健全な育成の第一義的責任を
負うとされていますが、それがかなわなかった場合は、前述した「国及び
地方公共団体」が支えるという構図になっています。つまり、子ども、保
護者を中心とした「家庭」は「国及び地方公共団体」によって支えられて
いるという形が成り立ちます。

　これを裏づけるのが、2012年に成立した「子ども・子育て支援法」で
す。条文には下記のような文言があります。

> 第 2 条　子ども・子育て支援は、父母その他の保護者が子育てにつ
> 　いての第一義的責任を有するという基本的認識の下に、家庭、学校、
> 　地域、職域その他の社会のあらゆる分野における全ての構成員が、
> 　各々の役割を果たすとともに、相互に協力して行われなければな
> 　らない。
> 2　子ども・子育て支援給付その他の子ども・子育て支援の内容及
> 　び水準は、全ての子どもが健やかに成長するように支援するもので
> 　あって、良質かつ適切なものであり、かつ、子どもの保護者の経済
> 　的負担の軽減について適切に配慮されたものでなければならない。
> 3　子ども・子育て支援給付その他の子ども・子育て支援は、地域の
> 　実情に応じて、総合的かつ効率的に提供されるよう配慮して行われ
> 　なければならない。

　つまり、子ども・子育て支援については、保護者だけでなく、学校や地
域といったあらゆる分野で相互に協力するとされています。そして最も大
切なことは、「全ての子どもが健やかに成長するように支援する」ものであ
ることが国や社会に求められていることです。すなわち、子育て支援は保
護者支援などが中心に考えられがちですが、そのような保護者支援も子ど
もの支援のために行われるものであり、子どもを「真ん中」においた支援
の重要性を求めているといえます。

２　子育て支援の法制度

　では、これまでどのような法制度が生まれてきたのでしょうか。
　図表 2-1 はこれまでの少子化対策を中心に、子育て支援に関する施策
を一覧にしたものです。1994年のエンゼルプランから子育て支援の対策
がスタートしていますが、当初は、少子化という問題に対するアプローチ
としての対策が多かったということがわかると思います。しかし、これ以
降も少子化の流れが止まることはありませんでした。
　2003年には「少子化社会対策基本法」、2004年には「少子化社会対策
大綱」など対策が行われましたが、それでも2005年には合計特殊出生率
が1.26を記録するなど、少子化は止まることはありませんでした。しかし、
その流れが、2010年の「子ども・子育てビジョン」によって変わってき
ました。このビジョンの特徴としてあげられるのは、子どもを主人公とす
るチルドレン・ファーストがうたわれていることです。内容も、少子化対

策から子ども・子育て支援への転換が図られました。

　これらの対策と同時に2007年には「仕事と生活の調和（ワーク・ライフ・バランス）憲章」、2017年には「働き方改革実行計画」が示されました。これらからわかることは、家庭と仕事のバランスが子育てや家庭にとって重要な要素となるということです。つまり、昔ながらの男性が夜遅くまで働き女性が家庭を守るというスタイルではなく、家庭全体のバランスをとっていくことの大切さを示したものといえます。これを受けて「子育て」というものがキーワードになってきています。たとえば2020年の

図表 2-1　これまでの取り組み

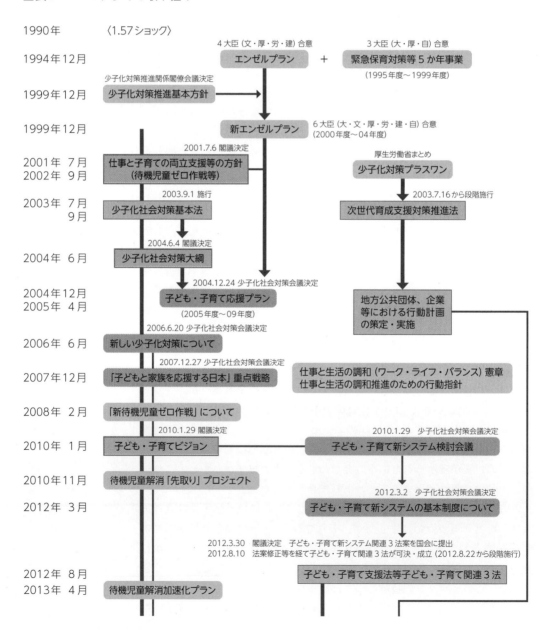

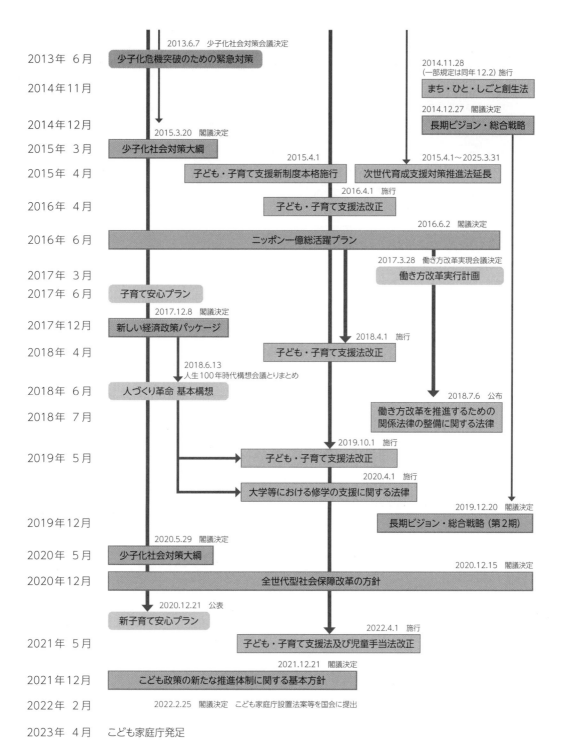

2コマ目　子ども家庭支援の内容と対象

出典：内閣府『令和 4 年版 少子化社会対策白書』2022年を一部改変
https://www8.cao.go.jp/shoushi/shoushika/whitepaper/measures/w-2022/r04pdfhonpen/r04honpen.html（2022年10月18日確認）

図表 2-2　新子育て安心プランの概要

○令和 3 年度から令和 6 年度末までの 4 年間で約 14 万人分の保育の受け皿を整備する。

・第 2 期市町村子ども・子育て支援事業計画の積み上げを踏まえ、保育の受け皿を整備。
・できるだけ早く待機児童の解消を目指すとともに、女性（25〜44 歳）の就業率の上昇に対応。
（参考）平成 31 年：77.7%、現行の子育て安心プランは 80% に対応、令和 7 年の政府目標：82%（第 2 期まち・ひと・しごと創生総合戦略）

平成 25 年度	平成 30 年度	令和 3 年度	令和 6 年度末
待機児童解消加速化プラン（目標：5 年間で約 50 万人）	子育て安心プラン（目標：3 年間で約 32 万人）	新子育て安心プラン（目標：4 年間で約 14 万人）	

○新子育て安心プランにおける支援のポイント

①地域の特性に応じた支援

○保育ニーズが増加している地域への支援
（例）
・新子育て安心プランに参加する自治体への整備費等の補助率の高上げ

○マッチングの促進が必要な地域への支援
（例）
・保育コンシェルジュによる相談支援の拡充
（待機児童数が 50 人未満である市区町村でも新子育て安心プランに参画すれば利用可能とする）
・巡回バス等による送迎に対する支援の拡充
（送迎バスの台数や保育士の配置に応じたきめ細かな支援を行う）

○人口減少地域の保育の在り方の検討

②魅力向上を通じた保育士の確保
（例）
・保育補助者の活躍促進
（「勤務時間 30 時間以下」との補助要件を撤廃）
・短時間勤務の保育士の活躍促進
（待機児童が存在する市町村において各クラスで常勤保育士 1 名必須との規制をなくし、それに代えて 2 名の短時間保育士で可とする）
・保育士・保育所支援センターの機能強化
（現職保育士の就業継続に向けた相談を補助対象に追加）

③地域のあらゆる子育て資源の活用
（例）
・幼稚園の空きスペースを活用した預かり保育（施設改修等の補助を新設）や小規模保育（待機児童が存在する市区町村において利用定員の上限（19 人）を弾力化（3 人増し→ 6 人増しまでとする））の推進
・ベビーシッターの利用料助成の非課税化【令和 3 年度税制改正で対応】
・企業主導型ベビーシッターの利用補助の拡充（1 日 1 枚→ 1 日 2 枚）
・育児休業等取得に積極的に取り組む中小企業への助成事業の創設
【令和 3 年の通常国会に子ども・子育て支援法の改正法案を提出予定】

出典：厚生労働省「新子育て安心プラン」
https://www.mhlw.go.jp/content/11920000/000717624.pdf (2022 年 10 月 18 日確認)

✍重要語句

待機児童

→保育が必要な状態なのにもかかわらず保育所に入所できない子どもの総称。厚生労働省では、保育施設に入所申請をしており、入所の条件を満たしているにもかかわらず入所ができない状態にある子どもを待機児童と定義している。

「新子育て安心プラン」がそれにあたります。
　「新子育て安心プラン」をみると図表 2-2 のようなことが記され、保育の受け皿をつくることを中心に、待機児童*の解消こそが子育ての安心感を生み出すポイントとなっています。
　確かに共働きが多くなり、待機児童の解消は課題となっていますが、果たしてそれだけで問題は解決するのでしょうか。子育てを安心して行うには、子育て自体への支援もまた必要となります。そう考えると、受け皿づくりは、子育てをともに行うパートナーとしての役割をもつところを増やすこととなり、その意識を広めることが大切になるのです。

2 子育て支援の内容と対象

　子育て支援の内容と対象を考えるうえで参考になるのが「保育所保育指針」です。その第1章1（1）「保育所の役割」には、以下のような文言があります。

> ア　保育所は、児童福祉法（昭和22年法律第164号）第39条の規定に基づき、保育を必要とする子どもの保育を行い、その健全な心身の発達を図ることを目的とする児童福祉施設であり、入所する子どもの最善の利益を考慮し、その福祉を積極的に増進することに最もふさわしい生活の場でなければならない。
>
> イ　保育所は、その目的を達成するために、保育に関する専門性を有する職員が、家庭との緊密な連携の下に、子どもの状況や発達過程を踏まえ、保育所における環境を通して、養護及び教育を一体的に行うことを特性としている。
>
> ウ　保育所は、入所する子どもを保育するとともに、家庭や地域の様々な社会資源との連携を図りながら、入所する子どもの保護者に対する支援及び地域の子育て家庭に対する支援等を行う役割を担うものである。

　指針をみると、保育所の対象としているものが、入所する子どもはもちろんのこと、家庭との連携を密にして、さらには地域の子育て家庭に対する支援も行うことになっています。

　つまり、子ども家庭支援の対象は、子どもを真ん中に置いたうえで、保護者、家庭、地域とさまざまな広がりをみせているのです。

　また「保育所保育指針」第4章には、子育て支援に関わることが記載されており、以下のように書かれています。

> **1 保育所における子育て支援に関する基本的事項**
> （1）保育所の特性を生かした子育て支援
> ア　保護者に対する子育て支援を行う際には、各地域や家庭の実態等を踏まえるとともに、保護者の気持ちを受け止め、相互の信頼関係を基本に、保護者の自己決定を尊重すること。
> イ　保育及び子育てに関する知識や技術など、保育士等の専門性や、子どもが常に存在する環境など、保育所の特性を生かし、保護者が子どもの成長に気付き子育ての喜びを感じられるように努めること。
> （2）子育て支援に関して留意すべき事項
> ア　保護者に対する子育て支援における地域の関係機関等との連携及び協働を図り、保育所全体の体制構築に努めること。
> イ　子どもの利益に反しない限りにおいて、保護者や子どものプライ

プラスワン

待機児童
いわゆる待機児童問題について、幼稚園の空きスペースの活用や小規模保育の推進など、保育所増設以外の方策を示し、受け皿を増やすことに国は努力している。

2コマ目　子ども家庭支援の内容と対象

「保育所保育指針」は、保育士の目指す道しるべの役割も果たしているんですね。

バシーを保護し、知り得た事柄の秘密を保持すること。

　上記でいえることは、保護者のありのままの姿を尊重し、受容する姿勢です。そのような姿勢が子どもの成長に気づき、子育ての喜びを共感できる存在としての保育所、保育士の基礎になることがあげられます。また、地域社会においても、保護者や子どもを養育するものに対して、関係機関と連携をとったうえでの仕組みづくりが求められているということです。

---

2 保育所を利用している保護者に対する子育て支援
（1）保護者との相互理解
ア 日常の保育に関連した様々な機会を活用し子どもの日々の様子の
　 伝達や収集、保育所保育の意図の説明などを通じて、保護者との相
　 互理解を図るよう努めること。
イ 保育の活動に対する保護者の積極的な参加は、保護者の子育てを
　 自ら実践する力の向上に寄与することから、これを促すこと。
（2）保護者の状況に配慮した個別の支援
ア 保護者の就労と子育ての両立等を支援するため、保護者の多様化
　 した保育の需要に応じ、病児保育事業など多様な事業を実施する場
　 合には、保護者の状況に配慮するとともに、子どもの福祉が尊重さ
　 れるよう努め、子どもの生活の連続性を考慮すること。
イ 子どもに障害や発達上の課題が見られる場合には、市町村や関係
　 機関と連携及び協力を図りつつ、保護者に対する個別の支援を行う
　 よう努めること。
ウ 外国籍家庭など、特別な配慮を必要とする家庭の場合には、状況
　 等に応じて個別の支援を行うよう努めること。
（3）不適切な養育等が疑われる家庭への支援
ア 保護者に育児不安等が見られる場合には、保護者の希望に応じて
　 個別の支援を行うよう努めること。
イ 保護者に不適切な養育等が疑われる場合には、市町村や関係機関
　 と連携し、要保護児童対策地域協議会で検討するなど適切な対応を
　 図ること。また、虐待が疑われる場合には、速やかに市町村又は児
　 童相談所に通告し、適切な対応を図ること。

　上記からは、まず保護者と保育所が互いに理解し合い、保護者の疑問や要望には対話を通して誠実に対応すること、保育士等と保護者の間で子どもに関する情報の交換を細やかに行うこと、子どもへの愛情や成長を喜ぶ気持ちを伝え合うことなどの必要性が示されています。これを相互理解といいます。
　また、延長保育や、病児保育は子どもにとって通常の保育とは異なる環境や集団の構成となることから、子どもが安定して豊かな時間を過ごすことができるように工夫することが重要となります。
　さらに、子どもの発達などに課題がある場合は、保育所と保護者、関係

機関との連携がさらに必要となります。家庭との連携を密にするとともに、子どもだけでなく保護者を含む家庭への適切な対応を図る必要が保育所にはあるのです。

　これは不適切な養育が疑われる場合でも同じことがいえます。すなわち一人ひとりの子どもの発達および内面についての理解と、保護者の状況に応じた支援を行うことができるよう、援助に関する知識や技術等が求められるのです。

---

3 地域の保護者等に対する子育て支援

（1）地域に開かれた子育て支援

ア 保育所は、児童福祉法第48条の4の規定に基づき、その行う保育に支障がない限りにおいて、地域の実情や当該保育所の体制等を踏まえ、地域の保護者等に対して、保育所保育の専門性を生かした子育て支援を積極的に行うよう努めること。

イ 地域の子どもに対する一時預かり事業などの活動を行う際には、一人一人の子どもの心身の状態などを考慮するとともに、日常の保育との関連に配慮するなど、柔軟に活動を展開できるようにすること。

（2）地域の関係機関等との連携

ア 市町村の支援を得て、地域の関係機関等との積極的な連携及び協働を図るとともに、子育て支援に関する地域の人材と積極的に連携を図るよう努めること。

イ 地域の要保護児童への対応など、地域の子どもを巡る諸課題に対し、要保護児童対策地域協議会など関係機関等と連携及び協力して取り組むよう努めること。

　近年、地域における子育て支援の役割がより一層重視されている状況を踏まえ、保育の専門的機能を地域の子育て支援において積極的に展開することが求められています。その際、保育所が所在する地域の実情や各保育所の特徴を踏まえて行うことが重要です。また、地域における子育て支援の推進が図られるなか、地域におけるさまざまな団体の活動と連携して、保育所の子育て支援を進めていくことも大切です。

　特に「3 地域の保護者等に対する子育て支援」では、保育所に通わせている保護者に限らず、地域の保護者等も対象に加え、さまざまな地域の関係機関、たとえば市町村などの行政や、教育機関などを含めた社会資源*が子育て支援に関わるようになっています。つまり、子育て支援の対象は、子ども、保護者、地域といった子どもを取り巻く環境すべてであるといっても過言ではありません。

2コマ目

子ども家庭支援の内容と対象

🖊重要語句

社会資源

→社会資源とは、「生活上のニーズを充足するさまざまな物資や人材、制度、技能の総称（中略）社会生活に関する情報提供なども含まれる」（山縣ほか、2013年、153頁）。

❶ 子ども・子育て支援は、家庭、学校、地域、職域その他の [　　　　　]
　におけるすべての構成員が、各々の役割を果たす。

❷ 1994年のエンゼルプランから少子化対策がスタートしたが、近年は
　[　　　　　] がキーワードとなっている。

❸「保育所保育指針」などを見ると、子育て支援の対象は子どもを取り巻
　く [　　　　　] すべてである。

///

演習課題

ディスカッション

‐ ‐

①子育て支援において、子どもはどのような存在として扱われることが必要でしょうか。
　話し合ってみましょう。

②「保育所保育指針」から考える子育て支援のために、必要な保育士のスキルは何でしょ
　うか。グループで話し合ってみましょう。

第2章

保育士による子ども家庭支援
の意義と基本

この章では、保育士が保育の専門性を生かし、子育て家庭を支援する方法や内容について
学んでいきます。まず、保育の専門性は法律で規定されているものなので、その内容について
保育士を目指す皆さんはしっかりと理解しなければなりません。また、保護者との
コミュニケーションを円滑にするためには、保育相談支援のさまざまな技法を
身につけておくことが大切です。この章でくわしく学んでいきましょう。

保育の専門性を生かした子ども家庭支援とその意義

今日のポイント

1. 保育所の家庭支援は、保育所の特性を生かして行われる。
2. 保育士は、保育の専門性を活用して子育て支援を行う。
3. 保育士は、保護者と連携して子育て支援を行う。

1 保育の専門性と子育て支援

1 保育の専門性

　現代は、子育てをめぐる環境の変化により、保護者だけでは子育てを担いきれない家庭が増え、地域社会による子育て支援が必要になっています。保育所は子育て家庭への支援を行う地域資源の一つです。保育所の家庭支援においては、保育や子育てに関する専門的知識・技術などの保育の専門性、子どもの遊びや生活の場である保育所の環境などの保育所の特性を生かした支援が求められます。

　保育士は、子どもの発達や生活を支えるために必要とされる専門性を活用して日々の保育を行っています。この保育の専門性は次の①～⑤のとおりです。また、保育所による保護者への子育て支援は、保護者等への相談・助言に関する知識および技術とともに、これらの保育の専門性を活用して行われます。これらは、子どもや保護者の状況に応じて相互に関連しながら活用されています。

> ①発達を援助する知識および技術
> ②生活援助の知識および技術
> ③保育の環境を構成していく知識および技術
> ④遊びを豊かに展開していくための知識および技術
> ⑤関係構築の知識および技術

　発達を援助する知識および技術とは、乳幼児の発達に関する専門的知識をもとに子どもの育ちを見通し、一人ひとりの子どもの発達を援助する知識および技術のことです。保育士は、発達の知識を活用して子どもの姿をとらえ、子どもの育ちを見通して個々の子どもに適した援助を行いま

📝 プラスワン

子育て支援

保育所の子育て支援は、保育の専門的知識・技術を有する保育士が保育の専門性を生かして行う。保護者に対する子育て支援にあたっては、子どもの最善の利益を念頭に置きながら、保育と密接に関連して展開する。
→ 2コマ目参照

「児童福祉法」第18条の4

「この法律で、保育士とは、第18条の18第1項の登録を受け、保育士の名称を用いて、専門的知識及び技術をもって、児童の保育及び児童の保護者に対する保育に関する指導を行うことを業とする者をいう」。

図表 3-1　子育て支援に生かす保育の専門性

す。たとえば、ある遊びを子どもが楽しそうにしている様子から、保育士は、この子どもはなぜその遊びを楽しいと感じるのか、あるいは、その遊びをとおして何を学んでいるのかについて、発達の知識・技術に基づき根拠をもって深く理解し保育を展開しています。

　このように保育士は、子どもの心身の状態の把握、子どもの自発的・主体的行動の受け止めや見守り、発達を援助するための働きかけをします。子育て支援においても、このような発達援助の知識および技術は、保護者が子どもの理解を深めるために根拠をもって説明したり、子どもをともに理解する際に役立ちます（図表 3-1）。

　生活援助の知識および技術は、子どもの発達過程や意欲を踏まえ、基本的生活習慣の形成など子どもみずからが生活していく力を細やかに助けることです。具体的には、食事、排泄、衣服の着脱、睡眠（午睡）などの身辺自立の援助や、日々の生活習慣を身につけるための援助です。これらは、子どもの発達段階や心身の状態を踏まえて行われます。保育士は、基本的生活習慣形成について豊富な知識やスキルをもっているため、子どもの身辺自立やしつけなどに悩む保護者へ、個々の子どもに適した関わり方の行動見本や家庭で役立つ情報を提供することができます。

　保育の環境を構成していく知識および技術も保育の専門性の一つです。子どもは、身近な人やものなど周囲の環境と直接的に関わる経験をとおして心身を発達させていきます。そのため、保育士には、子どもが好奇心や興味をもって主体的に環境と関わることができるよう、環境を構成することが求められます。具体的には、保育所内外の空間やさまざまな設備、遊具、素材などの物的環境、また自然環境や人的環境を生かした保育の環境

身近に子育てを手伝ったり、相談したりする人がいないことや、経済上の困難、また共働きの増加などにより、子育て家庭が抱える負担は増えていると考えられます。

3コマ目　保育の専門性を生かした子ども家庭支援とその意義

図表 3-2　子育て支援に関連する保育環境

保護者の日常生活を支える環境	保護者をあたたかく迎える空間、場の提供
	支援が必要な保護者に配慮した環境
	季節感や自然を感じる環境
保護者の子どもの理解を促す環境	保育のようすが伝わる環境
	子どもの理解を促す環境
	行動見本の提供
家庭の暮らしを支える環境	基本的な生活を伝える
	家庭内コミュニケーションの支援
	保護者間のつながりをつくる

写真提供：社会福祉法人
緑伸会　加賀保育園

を構成していきます。年齢に適した絵本や玩具・遊具の紹介や絵本の貸し出しなどをとおした、保護者への子育て支援も行います。

　さらに、クラス内の配色、家具の配置や遊びスペース、装飾などから、子どもに適した環境整備への保護者の気づきを促したり、季節の飾りつけや子育てや仕事で疲れた保護者の気持ちを和らげる場の提供により、保護者自身の心理的安定を図ることもあります（図表 3-2）。

　乳幼児にとって、遊びは心身の発達を支え促すうえで不可欠です。遊びを豊かに展開していくための知識および技術を活用して、保育士は子どもの経験や興味、関心に応じたさまざまな遊びを展開し、発達を援助しています。

　子育て支援においては、保育士は保育所のさまざまな機会を利用し、保護者へ子どもが興味をもって夢中になった遊びのエピソードを伝えたり、発達段階に応じた遊びの紹介や関わり方を伝えたり、遊びをとおした子ど

3歳児の遊びの例

4歳児の遊びの例

5歳児の遊びの例

もの成長を共有したりします。

　また、保育士は、関係構築の知識および技術を活用し、子ども同士の関わりや子どもと保護者の関わりなどを見守り、子どもや保護者の気持ちに寄り添いながら適宜必要な援助を行います。たとえば保育士は、保護者と子どものいる場面も利用して、意図的に子どもと保護者の会話のきっかけとなる環境を構成したり機会を提供したりします。さらに、保護者が気づいていない子どもの思いをていねいに説明して子ども理解を深め、良好な関係を築けるよう支援をすることもあります。

2　子ども家庭支援に活用できる関連する技術

　保育士は、日々子どもと関わるとともに、保護者の子育てに関する相談を受けたり助言も行ったりします。子育て支援の内容や方法は、子どもや保護者の状況によりさまざまです。たとえば、子どもの年齢や発達の状態に適した着替えや食事などの基本的生活習慣に関する助言や行動見本を示す場合があります。子育ての悩みに対しては、保護者の話に耳を傾けたり（傾聴）、心理的な支えが必要な場合もあります。また、子どもの障害に対する福祉や医療の支援や関連機関との連携が必要になる場合もあります。これらのことから、保育士による保護者の子育て支援においては、保育の専門性に加え、ソーシャルワークやカウンセリング、特別支援教育などの関連領域の技術・知見を活用することが有用となることもあります（図表3-3）。

　特別な支援が必要な子どもの保護者支援や子育て上の困難や養育に課題

図表3-3　保育所の子育て支援に活用できる関連領域の技術・知見

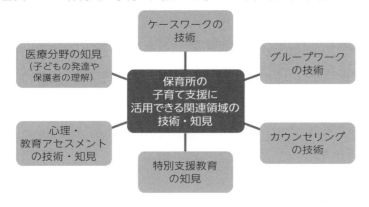

💬プラスワン

特別な支援が必要な子ども

障害児、発達の遅れや偏りの可能性がある子ども、養育問題・貧困家庭の子ども、母国語が外国語の家庭の子どもなどが含まれる。

図表 3-4　主な保育相談支援技術

	技術名	説　明
受信型	観察	子どもや保護者の行動、状態などを見て事実をとらえること
	情報収集	保護者や子どもの家庭の様子等の情報収集
	状態の読み取り	観察や情報に基づき、保護者や子どもの状態をとらえること
	共感・同様の体感	保護者の心情や態度に共有したり体感しようとすること
	承認	保護者の親としての心情や態度を認めること
	支持	保護者の子育てへの意欲や態度が継続するよう働きかけること
発信型	気持ちの代弁	観察から保護者や子どもの心情を読み取り他者へ伝えること
	伝達	子どもの状態、保育士の印象を伝えること
	解説	観察等に、保育技術の視点から分析を加えて伝えること
	情報提供	一般的な保育や子育て、子どもに関する情報提供
	方法の提案	保護者の子育てに活用可能な具体的方法の提案
	対応の提示	子どもや保護者に対する保育士の対応を伝えること
	物理的環境の構成	援助のための場や機会の設定
	行動見本の提示	保護者が活用しやすい子育て方法を、実際の行動で示すこと
	体験の提供	保護者が子育ての方法を獲得するための体験の提供

出典：柏女ほか、2010年をもとに作成

のある家庭支援においては、きめ細やかな個別の支援が必要です。保育士は、保育の専門性に加え、必要に応じてケースワークやカウンセリングの知識や技術を活用します。他方、すべての保護者を対象とした懇談会、行事、保護者活動、地域活動などにおいて集団を対象とした保護者支援の場面では、グループワーク（集団援助技術）の知識や技術を生かせるでしょう。

　障害や病気の子どもの子育て支援においては、関連機関の連携がかかせません。子どもへの一貫した支援を行うためには、保護者や関連機関との情報共有や連携が不可欠です。その際には、特別支援教育、心理・教育アセスメント、医療的知見などの関連分野の知識や見識が役立ちます。

　柏女ら（2016年）は、保育の専門性に加え、保育士の子育て支援における援助技術として、保育相談支援の援助技術をまとめています（図表3-4）。保育相談支援の技術には、保護者の情報を把握したり思いや状況を受けとめる受信型の技術と、保育士から保護者へ働きかける発信型の技術があります。

　保育士は、日々保育の専門性（保育の技術）とこれらの保育相談支援の技術を、保護者のニーズに応じて単独で、あるいは組み合わせながら子育て支援を行っています。

プラスワン

保育相談支援の援助技術
たとえば受信型には、観察や状態の読み取り、共感などがある。発信型には、保護者の子育てに関する承認や支持、子ども理解のための解説、行動見本の提示などがある。

2 保育士に求められる家庭支援

1 保育所の子育て支援（ニーズ）

　保育所の子育て支援の対象は、保育所を利用する子どもの保護者だけでなく、地域の子育て中の保護者も含みます。保護者の子育ての悩みや不安には、「子どもの生活習慣の乱れについて」「しつけの仕方について」「子どもの健康や発達について」などが報告されています（➡図表13-3参照）。ほかにも、経済的な困難や子どもの気持ちがわからないといった悩みなどもあります。

　これに関連し、保護者は地域で子育てを支えるうえで重要なこととして、「子育てに関する悩みについて気軽に相談できる人や場があること」をあげています。

　このような保護者の多様なニーズに対し、保育所には地域の身近な機関として、保育所の特性を生かして子育てを支える役割があります。保育士は、子どもの最善の利益を中心に据えて、保育の専門性や保育相談支援の技術を生かしながら地域の子育てを支えています。

2 保育の専門性を生かした支援の実際

　保育所では、さまざまな機会を活用して子育て支援を行っています（図表3-5）。

　保育所を利用する保護者への子育て支援は、日々の保育をとおして行われます。日常的には、登園時・降園時のあいさつの際や日々の連絡帳の交換などがあります。送迎時は、直接保護者と話すことのできる大切な機会です。

　保育士は、子どもの保育中の様子や家庭での様子を保護者と共有します。日々保護者と顔を合わせることで、保育士は、保護者の言葉や表情の変化から家庭支援の必要性にも気づきやすくなります。連絡帳などは、保護者と信頼関係を築いていくうえで役に立つ手段の一つです。連絡帳などの交換をとおして、子どもの姿や保育対応、家庭での様子などを共有するとよいでしょう。

図表3-5　保護者と関わる機会

日常的なやりとり	非日常的なやりとり
送迎時のあいさつ 話しかけ 連絡帳 おたより	子どものけが・病気 保育参観 行事 災害

　ここでは保護者への子育て支援について、事例をとおして学びましょう。

プラスワン

保護者の思いに寄り添う

保育士等が保護者の不安や悩みに寄り添い、子どもへの愛情や成長を喜ぶ気持ちを共感し合うことによって、保護者は子育てへの意欲や自信を膨らませることができる。保護者とのコミュニケーションにおいては、子育てに不安を感じている保護者が子育てに自信をもち、子育てを楽しいと感じることができるよう、保育所や保育士等による働きかけや環境づくりが望まれる。

3コマ目　保育の専門性を生かした子ども家庭支援とその意義

３　地域の保護者等
に対する子育て支援
（１）地域に開かれた
子育て支援
「ア　保育所は、児童
福祉法第48条の4
の規定に基づき、その
行う保育に支障がな
い限りにおいて、地域
の実情や当該保育所
の体制等を踏まえ、地
域の保護者等に対し
て、保育所保育の専
門性を生かした子育
て支援を積極的に行
うよう努めること」
「保育所がその意義を
認識し、保育の専門
的機能を地域の子育
て支援において積極
的に展開することが望
まれる」
「【保育所の特性を生
かした地域子育て支
援】
地域における子育て
支援に当たっても、保
育所の特性を生かし
て行うことが重要であ
る」。

事例❶　保育所を利用している保護者に対する子育て支援：送迎時の支援

夕方、渡辺保育士が担当するクラスのみおちゃん（1歳）の母親が迎え
にきました。みおちゃんはお座りして動物の人形で遊んでいます。「みお
ちゃんママよ。お迎えよ」と渡辺保育士がみおちゃんに話しかけます。みお
ちゃんは、遊んでいた犬の人形を指さして母親を見つめますが、母親は
反応せず「もうおしまい」ときっぱりと言いました。

ふだんの様子から母親のみおちゃんへの言葉かけの少なさや関わりが気
になっていた渡辺保育士は、笑顔で母親に、「今日はこの人形が気に入っ
てたくさん遊んでいたんですよ。ねぇ、みおちゃん」と言ってみおちゃん
を見ます。「みおちゃん、ママに"ワンワンみてみて、たくさん遊んだよ"っ
て見せたのね。みおちゃん、大好きなママに見せられてよかったね」と、
渡辺保育士は母親とみおちゃんに交互に視線を向けます。すると、母親も
「まあ、ワンワンね。よかったね」と表情を和らげ声をかけました。みお
ちゃんはとてもうれしそうに人形を高くもち上げると、母親に手渡しまし
た。母親は笑顔になって「ありがとう」と言って人形をおもちゃ箱に片づ
けます。その後みおちゃんは、自分で遊んでいた動物の人形を次から次へ
と母親に渡してきました。母親は笑顔でみおちゃんを見て、「ありがとう、
片づけね」と手渡されたおもちゃを箱に入れ片づけていきます。「ママと
お片づけ楽しいね」と渡辺保育士は声をかけました。

この事例では、子どもの最善の利益を中心に据えて、子どもと保護者の
関係性を一歩進める子育て支援を行っています。担当保育士は、子どもの
愛着対象である母親が迎えに来た喜びや思いと、母親の帰宅後の子どもの
世話や家事を見据えて早く帰宅したいという双方の思いを理解し、ふだん
の子どもへの言葉かけの少なさなども考慮して支援を展開しています。

このように保育所は、地域において子育て支援を行う施設の一つであり、
一人ひとりのさまざまな育ちを理解し支える保育を日々実践している保育
士が、地域の子育て中の保護者へ子どもを理解する視点を伝えたり行動見
本を示したりすることも、保護者にとって有用な支援となります。

たとえば、基本的生活習慣の形成と自立の個人差に関することや、遊び
や玩具、遊具の使い方、子どもとの適切な関わり方などについて、一人ひ
とりの子どもの発達段階や保護者の状況に応じて助言したり、行動見本を
具体的に提示することも大切です。

事例❷　**地域の子育て中の保護者への子育て支援：身辺自立の支援**

　どんぐり保育園に併設の子育てひろばでは、持参したお弁当を食べることができます。春のある日、ひろばの保育士は、ある親子の食事の様子が気になりました。その子どもは、母親がお弁当を広げてもなかなか席に座ろうとしません。母親は子どもを追いかけて戻しますが、いすに座らせた途端子どもはすぐさまいすから立ち、おもちゃの棚に小走りで行ってしまいました。とうとう母親は弁当をもって子どもを追いかけ、ぎゅっと子どもの体をつかんで引き寄せ、自分の膝の上に乗せると、その場でおかずをスプーンにすくい、次々に子どもの口に運んでいきます。こうして子どもがやっと食べ終わると、少しほっとした表情で空の弁当箱をもって席に戻ってきました。

　保育士が母親に話を聞くと、「座って食べてくれないんです。育児書のとおり栄養バランスと摂取カロリーを参考に一生懸命につくっているんですが」とのことでした。保育士は「お母さん、よくがんばっていますね。いろいろ考えているんですね。ここにも保育所の栄養士が簡単にできる園児に人気の幼児食レシピを置いているので、いつでも参考にしてくださいね。ところで、今度保育所の食事の様子を見に来ませんか。何か参考になるかもしれませんよ」と母親に声をかけました。

　母親が後日見学に行くと、自分の子どもと同じ歳の子どもたちが皆座って食べていました。けれどもふと見渡すと、離席してふらふらしている子どもがいました。保育士は立ち歩くその子どもに食事を与えることはせず、子どもが大好きなウサギのマークのあるコップ入れを指さし、「あっ、ウサギさんがこうちゃんを探しているよ、お席に座ろうか」と提案しました。それを聞いた子どもは急いで自分の席に戻り、ウサギのマークに向かって何やら話しかけています。保育士が促すと、子どもは給食を食べ始めました。

　「なるほど、追いかけて食べさせないのですね」と言う母親に、「ええ、子どもはおなかがすいたら食べます。座って食べるという経験は、マナーだけでなく、食事を前に落ち着いた気持ちで集中してよく噛んで食べることにもつながるから大切なんですよ。この量を全部食べさせなければならないとあまり神経質に考えず、午前中にたくさん体を動かしておなかをすかせてから、座ったときだけ食べるというようにしてみてはいかがでしょうか」と保育士は助言をしました。「なるほど、やってみます。それに好みの食器やマットなども工夫してみます」と母親は笑顔で園を後にしました。

プラスワン

保護者の主体性、
自己決定
➡保護者の主体性、
自己決定については
4コマ目を参照。

3コマ目

保育の専門性を生かした子ども家庭支援とその意義

　この事例のように、保護者に対する子育て支援に当たっては、保護者と連携し、子どもの育ちを支える視点が大切です。保育士は、保護者が自身の子育てに自信をもてるように保護者の養育する姿勢や力の発揮を支えます。「自分はあることができる」という気持ちのことを自己有能感といいます。この自己有能感は、自分を肯定できる経験、励まされた経験、無条件に受け入れられた経験、自分で選び決めた経験、成功体験とその達成感、他者との共感などの経験などが土台となって高まるといわれています。

保育士は、保護者が本来もっている養育力を引き出し、保護者の子育ての自己有能感を高めるにはどのような子育て支援が必要になるでしょうか。保育士には保育の専門性を生かした日々の保護者との関わりや保護者への相談・助言に関する知識・技術を活用して、保護者との信頼関係を築き、そのうえで保護者に本来備わっている養育力を引き出すことが求められます。

おさらいテスト //

❶ 保育所の家庭支援は、[　　　　　]を生かして行われる。
❷ 保育士は、[　　　　]を活用して子育て支援を行う。
❸ 保育士は、保護者と[　　　　]子育て支援を行う。

//

演習課題

個別・グループワーク

　事例①、②では、どのような保育の専門性や相談支援技術が生かされていたでしょうか。
ヒント：相談支援技術については、図表 3-4 を参照してみましょう。

①事例①

②事例②

自分で調べてみよう

　　運動会や発表会などの行事においては、当日（本番）だけでなく、そこに至るまでの練習や経験などの過程も大切です。しかし保護者のなかには、当日の子どもの出来・不出来から子どもの姿をとらえて一喜一憂する場合があります。保育士として、子どもの思いや成長について保護者の理解が深まるためにはどうしたらよいでしょうか。必要な保育の専門性を生かした工夫をあげましょう。

演習課題

個別・グループワーク

　次の事項について、子育て支援を展開するにはどのようにしたらよいでしょうか。ペアで保育士役、保護者役になって会話をしてみましょう。そして、どのような保育の専門性を生かせるかを話し合いましょう。

> ①身辺自立：おむつがとれない、トイレトレーニングがうまくいかないと悩む母親からの相談。
> ②母子関係：遊びのレパートリーが少ない、家庭で一人遊びをさせることが多い。

　まずペアを組み、役を決めましょう。一人は相談①の保育士役と相談②の保護者役（A）、もう一人は①の保護者役と②の保育士役（B）です。
　次に、準備の調べ学習をします。Aの人は、トイレトレーニングについて調べます（知っている人は復習しましょう）。Bの人は、遊びや遊びの展開、誘い方などについて調べましょう（知っている人は復習しましょう）。

ロールプレイをはじめましょう。
相談①　身辺自立
　母親役の人は、次のような内容で話を始めましょう。
母親役：まわりの子どもたちはおむつがとれ始めたので、焦って自分の子どもにもトイレトレーニングを始めたがなかなかうまくいかない。最初は子ども用便座や踏み台を用意しておむつのまま座る練習をした。その後、時間を見計らってトイレに連れて行くとたまにおしっこが出ることがあった。大喜びして、このままおむつがとれると思っていたら、その後はまったくうまくいかない。いつもおむつに排泄してしまうため、間に合いそうなときにトイレに慌てて連れていくが、失敗するとつい怒ってしまうことがある。最近ではトイレを嫌がるようになってきており、無理やり連れて行くとパニックのようになってしまう。どうしたらよいか。

相談②　母子関係
　保育士役の人は、子どもの様子から遊びのレパートリーの少なさや母子関係が気になっています。個人面談のときに家での様子を聞いたところ、母親が次のような話をしました。
母親役：いつも家では一人で遊ぶことが多い。最近はタブレットで動画を見ている。休日は公園に連れて行くが滑り台を何度も一人で滑って喜んでいる。休日に雨が降っている場合は、動画や幼児用のゲームに夢中になっている。自分としてもこのままではよくないとは思うが、初めての子どもでどうやって一緒に遊んだらよいかわからない。どうしたらよいのか。園ではタブレットなど使用していないと思うが、園での遊びの様子はどうか。

4コマ目

子どもの育ちを保護者とともに喜び合いましょう。

子どもの育ちの喜びの共有

今日のポイント

子育て支援にあたっては、
1. 子どもの育ちを支える視点をもち、保護者と連携する。
2. 保護者へ子どもの育ちの姿とその意味をていねいに伝える。
3. 保護者が子育ての喜びを感じられるよう努める。

1 子どもの育ちと家庭支援

1 親になること：親としての成長・発達

子どもの親になるとは、どのようなことでしょうか。ここでは**生涯発達心理学***の視点から親になるプロセスについて考えてみましょう。

発達心理学者のエリクソンは、心理社会的発達理論のなかで、人の一生を8つの発達段階に分けて示しました。各段階には心理的課題があり、人はその課題を克服することで健康的に生きることができ、一方、課題を克服できずに心理社会的に危機状態にある場合には、心理的な障害やストレスをもたらすと述べました。

女性の妊娠から出産後の子育て期は、**エリクソンの8つの発達段階**のなかで成人前期にあたります。この時期、人は特定の人と親密になり愛を育むことが大切で、心理社会的危機を「親密性」対「孤立」としました。それに続く成人後期の心理社会的危機は「世代継承性」対「自己陶酔」であり、この時期は次の世代と相互に関わることをとおして発達していく時期といいます。エリクソンは、子どもと親の関係には、子どもが親によって成長を促されると同時に、親もまた子どもを育てることをとおして成長していくという相互性（mutuality）があると指摘しました。

2 母親、父親になるプロセス

かつて女性は、妊娠して子どもが生まれると自然に母性愛が生まれ、適切に子育てができると考えられていた時代がありました。しかし、現在では、実際の母親としての意識は、妊娠や出産によって自然に生まれるものではないことがわかっています。女性は、妊娠中に母親になる心の準備が始まり、親として生活するさまざまな体験や子どもの世話、子どもとのやりとりなどをとおして母親意識が形成されていきます。

重要語句

生涯発達心理学

→生涯発達心理学は、誕生から死に至るまでの人間の心の変化の特徴や過程を明らかにする学問である。

プラスワン

エリクソンの8つの発達段階

乳児期（生後）：
　0〜17か月
幼児前期：
　18か月〜3歳
幼児後期：3〜5歳
学童期：5〜13歳
青年期：13〜20歳
成人期（成人前期）：
　20〜40歳
壮年期（成人後期）：
　40〜65歳
老年期：65歳〜

　多くの女性は、妊娠中に母親になる意識が芽生えます。妊娠中に超音波画像でおなかの赤ちゃんの姿を見たときや、体形の変化やつわりなどの妊娠にともなう身体的な変化によって母親になることを意識するようになります。妊娠後期には、大きなおなかのなかの胎児の動きを敏感に感じ取ったり、おなかをさすって言葉をかけるなどするようになります。こうして、わが子への愛着の気持ちや生活上の心理的変化などをとおして、母親になる意識が芽生えていきます。そして、子どもが生まれると、日々子どもの世話をしながら子どもと相互に関わり、さまざまな体験を重ねることで母親意識が育っていくのです。

　一方、男性が父親になる意識はどのようなプロセスをたどるのでしょうか。男性も相手の女性の妊娠に気づいたときから子どもの出生後の数か月の間に、女性とは異なるさまざまな情緒的反応を経験することがわかっています。

　父性の発達に関する**縦断研究**によれば、父親となってから 1 年間の意識や感情の変化は著しいものがありました（高橋ほか、1992 年）。

　調査対象となったほとんどの父親は、子どもへの愛情の深まりとともに子どもを加えた新しい家庭づくりへの意欲を示しています。多くの父親が、父親としての意識として「扶養の責任」「しつけ・教育の責任」「子どもの世話」をあげました。このように男性も、子どもの出生により、父親になるプロセスを得て、父親意識を形成します。

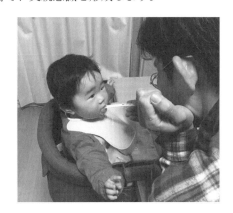

3　子育ての楽しさと大変さ

　子どもが生まれると、親は日々子どもの世話をしながら子育てをします。親は、わが子へ愛情を注ぎ、日々成長する子どもとの相互の関わりをとおして、子どもを育てていると同時に親自身も親として成長していくのです。

　子どもが生まれ、次の世代が育っていくことはすばらしいことですが、実際の子育ては楽しいことばかりではありません。育児のなかで親が感じる思いには、「育児は楽しい」「充実感がある」といった肯定的な感情だけでなく、「子どもから解放され、自分の時間をもちたい」「育児は負担だ」といった育児による制約感や、育児が思うようにいかずに、「自分は親として不適格なのではないか」といった**育児に否定的な感情**もあるでしょう（図表 4-1）。

プラスワン

縦断研究

同じ対象者（群）を長期にわたって継続的に観察・測定して、変化や発達の原因を探る研究法。
↔横断研究

4 コマ目　子どもの育ちの喜びの共有

プラスワン

育児に関する否定的感情

育児に対する感情を母親と父親で比べると、否定的な感情については父親よりも日常的に子どもとの接触が多い母親の方が強く感じる場合が多い傾向がある（柏木・若松、1994 年）。

これらの否定的な感情や子育ての悩みや育児不安などが生じた場合には、悩みを相談したり頼ることのできる人の存在が重要になります。しかし、現代は、少子化や家族形態の変化から、家族や近隣など身近に子育ての相談ができる人がおらず、孤立して子育てをする親も少なくありません。

　親が、「子育てをして楽しい」「子育てが充実している」と肯定的に思えるようにするためには、どのような子育て支援をすればよいのでしょうか。2020年度の調査では、親が「子育てをしていてよかったと感じるとき」について質問した結果、最も多かったのは「子供が喜んだ顔を見るとき」（74.3%）で、次に多かったのは「子供の成長を感じるとき」（67.5%）となっていました（図表4-2）。

　保護者が子どもの成長を感じることは親としての喜びであり、みずからの子育てを肯定し、子育ての大変さを乗り越えるうえで大切です。保育士が保護者の子育ての大変さに寄り添い、保護者の子どもの成長を喜ぶ気持ちを共有することで、保護者は、子育てへの意欲や自信を膨らませることができるでしょう。そのため、保育士は、保育の専門性を生かしながら、保護者が子どもの成長や変化に気づけるように関わったり、また子どもの成

図表4-1　親が感じる乳幼児期の子育ての大変さの例

子どもの世話に関すること	子育ての疲労やワーク・ライフ・バランスに関すること	家族や周囲のサポートに関すること
・子どもから常に目を離せない ・栄養バランスに悩む ・身辺自立がうまくいかない ・子どもの思いをくみ取れない ・外出先でなかなか泣きやまない	・夜泣きなどで睡眠不足 ・ゆっくり休めない ・病気のとき仕事が休めない ・自分の時間がない	・上の子どもの世話の時間がない ・家族の協力が得られない ・相談相手がいない ・ママ友ができない

図表4-2　子育てをしていてよかったと感じるとき

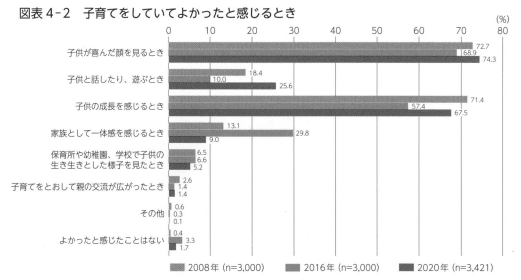

出典：インテージリサーチ「令和2年度　家庭教育の総合的推進に関する調査研究——家庭教育支援の充実に向けた保護者の意識に関する実態把握調査」（令和2年度文部科学省委託調査）2021年をもとに作成
https://www.mext.go.jp/content/20210301-mex_chisui02-000098302_1.pdf（2022年10月24日確認）

長の喜びを分かち合う機会を提供したりすることをとおして子育て支援をすることが求められています。

2 保育における子どもの育ちの喜びの共有

1 保育における子どもの育ちと保護者との喜びの共有

　「保育所保育指針」第 4 章「子育て支援」には、保育所の特性を生かした子育て支援が記されています（➡ 2 コマ目参照）。

　ここでは、日常の保育における保護者と子どもの成長の喜びの共有について、保育所を利用する 0 歳児から 5 歳児までの年齢別の発達の視点から考えます。

　保育士は、毎日子どもと直接関わるなかで子どもの成長に気づいたり、子どもの発達を促すためのさまざまな工夫をしたりしています。乳幼児期の発達は著しいものがありますが、保護者からみえやすい状態もあれば発達の芽生えがみえにくかったり、できないことのほうが気になってしまう時期もあります。生まれてから 1 歳前半ころまでの子どもの発達の様子は、たとえば運動発達では、ほとんど眠っている状態から寝がえりに始まり、1 歳のころには一人で歩けるようになる、というように、子どもがはじめてできることが親からはとてもみえやすい時期です。

　一方、2 歳のころは、しつけがうまくいかないなど、できることよりもできないことのほうがみえやすくなる時期でもあります。このころ始まる「いやいや期」といわれる**第一次反抗期**＊には、子どもが示す困った行動の対応に途方に暮れている親もいることでしょう。

　3 〜 4 歳のころは、身のまわりのことがいろいろできるようになり**身辺自立**＊が形成される時期ですが、0 歳から 2 歳児ころに比べると、目に見えた形での成長を実感しにくかったり、身辺自立はできて当たり前のこととして子どもの成長に気がつきにくい場合もあります。たとえば、保育士は、身辺自立ではできた、できないといった姿ではなく、子どもが工夫していることやスキルの向上、同じことが以前より素早くできるようになっ

年齢別の子どもの発達の様子については「保育所保育指針」や「保育所保育指針解説」を参照しましょう。

各年齢の発達について復習しておきましょう。

📝 語句説明

第一次反抗期

→ 2 〜 3 歳ころに多く生じる、自己主張的行動と反抗的行動をとる時期を指す。自我の芽生えと深く関係がある。

身辺自立

→食事、排泄、着替えなどの生活の基本的な動作ができること。

た、他児を手伝ったなど、日々の育ちの変化をていねいにとらえて、保護者と共有していくとよいでしょう。

5歳児のころは、知的発達に加え友だちと協力して目標を達成したり、何かを成し遂げる姿にその成長をみることができる時期です。この時期の保護者は、子どもの成長を、なんらかの目標が達成できたかどうか、勝ったかどうかなど結果に目がいきがちですが、保育士は、子どもの結果に至るまでの努力や工夫したこと、友だちと協力したり思いやったりした子どもの姿や思いなどをていねいに説明し、共有するとよいでしょう。その際、保育士は、保護者が子どもの姿を具体的にイメージできるように心がけ、保護者が、子どもの成長や思いに気づけるようにすることが大切です。

2 保護者の子どもの育ち（成長）への気づきを促す支援

人の発達には、目に見える姿の前段階にその芽生えの段階があります。ヴィゴツキー*は、人があることを一人でできるようになるまでの過程に関して研究をし、発達の最近接領域理論を提唱しました。発達の最近接領域とは、他者との関係において「あることができる（＝わかる）」という行為の水準ないしは領域のことです。たとえば、子どもが一人ではできないが、他者である保育士が働きかけることでできる領域です。

具体的な例をあげると、一人では着替えを完全にはできない子どもがいたとします。着替えの際に、その子どもが苦手なボタンをはめる動作やズボンを腰まで上げる動作の部分で、保育士がタイミングよく声かけをしてコツを教えたり、少し介助したりすると着替えることができるという場合、この「一人では着替えられないが、少し手伝えば着替えることができる」が発達の最近接領域に当てはまります。

このように、発達の最近接領域は、一人でできる領域と他者が働きかけても一人ではできない領域の間にあります。この段階にあるときに他者が積極的に関与したり、介助するものを使用したりすると、自分一人でできる段階に導きやすくなると考えられています。

子どもを支える大人には、子どもの発達の準備や芽生えを理解して関わることが求められます。しかし、保護者のなかには、日々慌ただしく育児や家事、仕事に追われたり、ふと気づくと自分の子どもが同じ年齢の子どもよりできることが少なかったり、育児書どおりの発達がみられなかった

レフ・ヴィゴツキー
Vygotsky, L.S.
1896～1934年
旧ソ連の心理学者であり、発達の最近接領域理論(Zone of Proximal Development：ZPD)を提唱した。

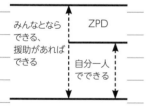

みんなとならできる、援助があればできる

ZPD

自分一人でできる

りして悩む保護者もいます。あるいは、孤立した子育てをするなかで、子どもが身のまわりのことを教えてもなかなか一人でできるようにならなかったり上の子どもと比べて手がかかったりすると、過干渉になったり不適切に子どもに関わってしまったりする保護者もいるでしょう。

　このような場合、子どもの小さな育ちの芽生えや発達のプロセスには気がつきにくくなります。そのため、保育士は、保育の専門性を生かして、子どもの姿の背景にどのような発達の意味があるのか、現在の姿の先にはどのような発達があるのかについても保護者にわかるように説明し、成長の過程を共有することが求められます。保護者とのていねいな関わりは、保護者が子どもの小さな成長への気づきを促し、またあることができるようになるまでの過程（プロセス）に着目して子どもの発達を見守ることができるようになることを促します。

3　子どもの育ちの喜びの共有の実際

　保育士が子育て支援を行う際には、保護者と連携して子どもの育ちを支える視点をもって行うことが重要です。子どもの様子を伝える際には、保護者が、保育所での子どもの姿がイメージできるように具体的に伝えます。たとえば、これまでの姿と現在の姿を対比して、どのような状態から何ができるようになったのか、場面やタイミング、周囲の様子などを伝えるとよいでしょう。話す時間のない保護者の場合には、連絡帳や写真などを活用する工夫をしてもよいでしょう（→12コマ目参照）。

　家庭における子どもの成長の姿を保護者と共有するにはどうしたらよいのでしょうか。保育所を利用する保護者は、子どもとゆっくり過ごす休日に子どもの発達の様子に気づくことも多くあります。加えて、連絡帳の記入にも時間を費やすことができるでしょう。そのため、休日明けの連絡帳の記述内容や送迎時の会話の際に、保護者の伝える子どもの育ちに関する話があった場合、受容的な態度で耳を傾け、保護者の気持ちを受け止めましょう。もし、保護者が子どもの成長や発達の芽生えに気づいていない様子があった場合には、家庭の様子から子どもの成長した点に気がつけるようにし、保護者と子どもの成長の喜びをともにするとよいでしょう（図表4-3）。

図表 4-3 保護者の子どもの成長の気づきを促す機会や手段の例

機会	伝える手段
・日常的な機会 　送迎時のあいさつや会話 　連絡帳 　おたより 　保育の報告の掲示や配信 ・非日常的な機会 　行事 (運動会、誕生会、卒園式など) 　子どものけがや病気、災害時など	送迎時の対面での会話 連絡帳への文章 電話、メールによる伝達 おたよりなどの全体への文章 保育の報告掲示 (文章や写真) 懇談会での話し合い 行事のテーマに沿った伝達 個別面談

　子どもの姿を、発達の視点から意味づけや説明をすることも大切です。このように、保護者が子どもの育ちを感じることができるよう、保育の専門性を生かして、日々の保護者とのていねいなやりとりをとおして関わることが有用です。

おさらいテスト //

子育て支援にあたっては、

❶ 子どもの [　　　　] 視点をもち、保護者と [　　　　　] する。

❷ 保護者へ子どもの [　　　　] とその [　　　　] をていねいに伝える。

❸ 保護者が [　　　　] を感じられるよう努める。

//

演習課題 ✏

グループワーク

　日常の保育において、保育士はどのような姿をとらえ、保護者とどのように子どもの育ちの喜びを共有したらよいかを考えましょう。

1．各自に担当する年齢を割り当てます（例：学生Ａ：０歳児、学生Ｂ：１歳児……）。
　　担当：０歳児：　　　　　　　　３歳児：
　　　　　１歳児：　　　　　　　　４歳児：
　　　　　２歳児：　　　　　　　　５歳児：

2．担当の年齢児の発達を振り返り（知らない人は調べましょう）、保護者と共有したいという点（発達）を選びます。保育所でみられた子どもの発達の姿を保護者とどのように共有したり、報告したり、話し合ったりできるか、考えて記載しましょう。

　　（　　　）歳児の＿＿＿＿＿の保護者との育ちの喜びの共有
①発達の状態（気づきを促したり、成長の喜びを共有したりしたい子どもの姿）

②どのような場面で、どのような方法で保護者と共有するか（親の状態やタイプによって、複数あげてもよい）
　　親の状態やタイプの例：一般的な親、障害などにより発達がゆっくりとした子どもの親、過干渉で心配性な親、子育てに不安を抱える親、子どもに無関心な親など

3．グループで発表し合いましょう。

[
　　　　　　　　　　　　　　　　　　　　　　　　　　　　　　　　]

グループワーク：クラス全体へ向けた
支援の方法を考える

- -

　クラス全体の保護者を対象とした、子どもの育ちの喜びを共有する方法を具体的に考えましょう。グループメンバー内で担当クラス年齢を決めて、考えましょう。

　親の状態やタイプの例：話しやすい親、大人しい親、いつも忙しい親、過干渉や心配性な親、子どもに無関心な親など

①クラス年齢

$$\Big[\qquad\qquad\qquad\qquad\qquad\qquad\qquad \Big]$$

②時期（〇月ころ）

$$\Big[\qquad\qquad\qquad\qquad\qquad\qquad\qquad \Big]$$

③手段

$$\Big[\qquad\qquad\qquad\qquad\qquad\qquad\qquad \Big]$$

④内容

$$\Big[\qquad\qquad\qquad\qquad\qquad\qquad\qquad \Big]$$

演習課題

個別配慮が必要な保護者との
子どもの育ちの喜びの共有

①個別に配慮が必要な保護者とは、どのような保護者でしょうか。

[
]

②次の事例を読んで、あなたが担任だったら、けいたくんの母親とどのように情報を共有することが大切だと思いますか。また、どのような配慮が必要だと思いますか。

事例	発達上課題のある子どもの保護者

　けいたくんは 1 歳から第一保育園を利用しています。母親は、けいたくんが 1 歳半ころ言葉の発達が少し遅いように感じていましたが、片言の言葉が出ていたので、そのうちたくさん話すようになるだろうと思っていました。けいたくんの担任保育士や園長は、入園当初からけいたくんの発達や行動が少し気になっていました。

　けいたくんは、同じ月齢の他児に比べ言葉数が少なく、意味のない「キー」といった奇声を発します。また保育士と視線が合いにくく、音に敏感で、トイレの水を流す音や体操の音楽などが聞こえると、両耳を手でふさいで苦しそうに固まってしまうことが多いのです。熱い、冷たい、痛いといった皮膚の感覚が鈍感なようで、たとえばけがをしてもあまり痛がりませんでした。入園当初、担任保育士は保育園で気になることについて母親に伝えるかどうか迷っていましたが、母親から気になる点を相談されたこともなく、発達の個人差かもしれないと考え、結局母親には言いだせないままでした。しかし、けいたくんが 2 歳を過ぎると、集団活動に参加ができなかったりパニックを起こしたり、偏食が目立ったりして気になる行動がいっそう顕著になってきたのです。

[
]

保護者および地域が有する子育てをみずから実践する力の向上に資する支援

今日のポイント

1. 保護者の主体性、自己決定を尊重する。
2. 保育参加は、保護者の養育力向上の機会となる。
3. 保護者との相互理解を深め、本来もっている力を引き出せるよう支援をする。

1 保護者の理解

1 保護者の状況を理解する

　保育所の子育て支援には、保護者の立場や家庭の状況を理解したうえで、保護者の状況に配慮した個別の支援を行うことが求められます。対象となる保護者の状況はさまざまであり、同じ年齢の子どもを育てる保護者であっても、必要とする子育て支援は同じとは限りません。

　子育ては、家庭の状況によってさまざまな影響を受けています。図表5-1に示したように家庭の状況には、**家族構成・規模**、保護者の状況、家庭状況の変化、などが含まれます。

　たとえば、保育所を利用する保護者は、育児、家事、仕事との**ワーク・ライフ・バランス**がうまくいかず、ストレスを抱えることが少なくありま

保育所を利用している保護者に保育を理解してもらうことも大切なんですね。

プラスワン

家族構成

家族構成には、祖父母と同居する拡大家族（3世代家族）、両親と子どもの核家族、母子家庭などのひとり親家庭などがある。

→家庭状況に合わせた支援の実際は8コマ目を参照。

図表5-1　子育てに影響を及ぼす家庭の状況

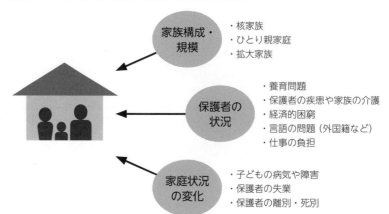

家族構成・規模
・核家族
・ひとり親家庭
・拡大家族

保護者の状況
・養育問題
・保護者の疾患や家族の介護
・経済的困窮
・言語の問題（外国籍など）
・仕事の負担

家庭状況の変化
・子どもの病気や障害
・保護者の失業
・保護者の離別・死別

せん。また、はじめての子育てに戸惑って悩みを抱えたり、周囲に子育て仲間がおらず、孤立して子育てしている保護者もいることでしょう。そのような場合に、子育てに協力的な配偶者や祖父母が身近にいたりして周囲から容易に協力が得られる保護者と、そのような協力を得ることができない保護者では、子育て負担に違いが出てきます。

　子育て支援の対象には、特に配慮や支援が必要な家庭もあります。たとえば、母国語が日本語以外の外国にルーツのある家庭、障害児や発達に課題のある子どもを育てている家庭、保護者自身の病気や障害、介護の必要な家族がいる家庭などです。これらの保護者への支援に当たっては、関連機関との連携が不可欠です。また、養育面で課題のある家庭の場合は、早期に支援ニーズを把握し、関係諸機関と連携しながら個別にていねいに対応する必要があります。

　保育所利用児の保護者のなかには、家庭の状況が変化したことにより、個別の配慮が新たに必要となる場合もあります。たとえば、子どもの重い病気の発症や障害の発見、保護者の失業などによる経済的困窮、離別や死別による家族構成の変化などが生じた場合などです。

　保育士は、日々のさまざまな機会をとおして、保育所と家庭での子どもの様子について情報を分かち合い、子どもと保護者の状況を理解するようにします。保育士は、保護者の話に耳を傾けて保護者の気持ちを受け止め、保護者のニーズや家庭の課題を把握します。また、日ごろのコミュニケーションをとおして、保護者の態度や表情の変化に気づくことも大切です。

　このように、保育士は、個々の保護者の状況を理解したうえで子どもの福祉が尊重されるよう努め、子どもの生活の連続性を大切にしながら支援を行っていきます。

2　保護者の自己決定の尊重

　個々の保護者の状況を理解し、子育て支援を展開する際には、保護者の自己決定を尊重することが大切です。「保育所保育指針」では第 4 章 1（1）アに保護者の自己決定について記しています（➡ 2 コマ目参照）。

　保護者には**子育ての第一義的責任**があり、子育てにおけるさまざまな責任を有します（図表 5-2）。子育てに最も責任のある保護者に代わり、他者が子どもに関する決定をすることは一般的にはできません。しかしながら、周囲の協力なく、保護者だけでこれらの責任を果たすことは大きな負担と

図表 5-2　子育てにおける保護者の責任

・子どもを養育し、健全に育成する責任
・子どもの健康の維持・増進に関する責任
・子どもの心身の健やかな成長のための教育に関する責任
・子どもが安心して生活できる環境を整える責任
・子どもの安全の確保の責任
・子どもの権利を守る責任

📝 プラスワン

ワーク・ライフ・バランスに対する国の動き

2007年12月に、「仕事と生活の調和推進官民トップ会議」において、「仕事と生活の調和（ワーク・ライフ・バランス）憲章」および「仕事と生活の調和推進のための行動指針」が策定された。前者は、国民的な取り組みの大きな方向性を示すもので、後者は、企業や労働者などの効果的な取り組み、国や地方公共団体の施策の方針を示すものである。

📝 プラスワン

「保育所保育指針解説」における保護者の自己決定

第 4 章　子育て支援「保護者の養育する姿勢や力の発揮を支えるためにも、保護者自身の主体性、自己決定を尊重することが基本となる」。

子育ての第一義的責任

保護者に第一義的責任がある、というのは保護者だけに決定権があるわけではなく、もっとも尊重されるが、必要に応じて周囲（公的な機関など）が支援しながら適切に決定（子育て）できるようにするという意味である。

5
コマ目

保護者および地域が有する子育てをみずから実践する力の向上に資する支援

なります。そのため、子どもと保護者を取り巻く周囲の人々や地域、国など社会全体で、保護者が子育ての責任を果たせるように支援する必要があります。子育て支援に当たっては、保護者の自己決定を尊重することが大切です。

自己決定とは「自分自身で物事を決める」という意味です。私たちはある事柄に対して適切な判断をしようとするときには、その前提として判断するうえでの基準や比較して選ぶための選択肢があります。このことを保護者の子育てにおける自己決定の視点から考えてみましょう。

保護者のなかには、はじめての子育てであったり、大人になるまで小さい子どもの世話をしたり、子どもと触れ合ったりする経験があまりないままに親になった人もいるでしょう。そのような場合には、子育てについて自己決定するための十分な情報がない、あるいは一般的な発達に関する知識が不十分であることなどにより、適切な判断ができない場合があります。

一方、現代の保護者にとっては、情報が多すぎるといった弊害もあります。ウェブサイトやSNS上には、あふれるほどの子育て情報が掲載されています。また書店には育児書や育児雑誌が並んでいます。育児情報源としてのインターネットの利用は、2001年には14.3％でしたが、2015年には88.6％と急増し（住吉ほか、2015年）、2017年の調査では92.7％（中島ほか、2020年）にも及んでいます。インターネット上の情報は手軽に育児情報が得られる点で有用性がありますが、一方、正しくない情報も掲載されているため注意が必要です。

乳幼児を育てる保護者のなかには、この過剰ともいえる子育て情報を前にして、わが子にとって一体何が正しいのか、親として何をすべきか混乱してしまう人もいるでしょう。情報に惑わされ、目の前のわが子の示す行動から気持ちを汲み取れなかったり、育児書どおりの発達の水準に至らないわが子の姿に焦りや迷いが生じて、悩んだり、子育てに自信をなくしたりする保護者も少なくありません。保育士は、保護者が知りたいと思う子育て情報を提供したり、保護者が最適な情報を選べるよう働きかけます。このような保護者の意思を尊重したコミュニケーションをとおして、保護者が自分の考えや思いで主体的に育児をしていると感じられるよう関わることが保育士には求められます（図表5-3）。

図表5-3　子育て情報と自己決定の関係

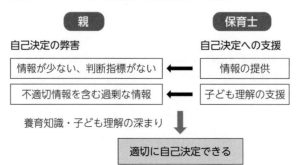

事例❶　保護者のニーズに合わせた情報提供

　金曜日のお迎えのとき、ゆうまちゃんが母親のみかさんに「ママ、日曜日はどこに行くの？」と話していました。保育士は「お帰りなさい。週末はお出かけですか？」と親子に声をかけました。みかさんが「どこにも行きません。子連れの外出は近所を散歩する程度で、家のなかで遊ばせることが多いんです。引っ越して来たばかりでママ友もいないですし」と答えたため、保育士は、新しい地で子育てに奮闘するみかさんをねぎらい、子育てのことでも地域のことでもわからないことなどがあれば気軽に相談してほしいと伝えました。別れ際、機会があればのぞいてみたらどうかと、地域の子育てひろばや児童館のチラシを渡しました。

　後日、お迎えの時間にみかさんが駆け寄ってきました。「先生、さくら児童館に何度か行ってみました。たくさんおもちゃがあって庭もあるので、ゆうまは大喜びです。近所のママ友もできたんです。週末、家にこもっているよりもゆうまは発散できて夜よく眠るようになり、おかげで私もよく眠れ、気分もリフレッシュしています」と笑顔で話してきました。

2 子育てをみずから実践する力の向上への支援

1 保護者との関係性：連携における相互理解と対等な関係性

　子育てにおいて子どもの最善の利益を保障することは不可欠であり、子どもに関わる周囲の大人が保護者と協力・協働することが大切です。保育士には、保護者と相互に理解を深め、協働的な関係を築く（関係をつくる）ことが求められます。

　保護者のなかには、子どもへの関わり方や子どもの世話がうまくいかない人もいます。そのような保護者は、困った親、養育力のない親、すぐに指導が必要な親とみなされる場合があるかもしれません。もし保育士が、その保護者の子どもへの関わり方や子育てのやり方を否定したり、あるいは一方的に指導したりしたとしたら保護者はどのように感じるでしょうか。保護者は、保育士から子育てのできていない点を指摘されたことで自分の養育に自信をなくし、子育てへの意欲が低下するかもしれません。あるいは、指導や注意をしてくる保育士に不信感を抱くこともあるでしょう。

　子育て支援は、保育士と保護者との安定した信頼関係の上に成り立っています。保育士は、家庭としっかり連絡を取り合ったり協力し合ったりしながら、保護者とともに子どもを育てていることを意識し、相互理解を深めるよう努めます。保護者の状況を理解したうえで子育てへの前向きな態度を支援し、保護者に本来備わっている養育力を発揮できるように支えていきます。また、保育所のさまざまな機会や日常の保育をとおして、保護者が保育所における保育について理解できるようにすることも重要です。

　「保育所保育指針」第 4 章 2（1）には保護者との相互理解について記さ

> 一方向的な関わりは、保護者の本来もっている親の養育力の発揮の妨げになってしまうかもしれないんですね。主体者としての子どもと親の理解を大切にしましょう。

れています（➡2コマ目参照）。

2　保護者の養育力を引き出すストレングスの視点

　保護者との信頼関係を築き、保護者の養育姿勢や力の発揮を支えるうえで、保護者自身の主体性や自己決定の尊重が大切です。主体性か自己決定を促す際には、「ストレングス」の視点が役に立ちます。ストレングスには、「強さ・長所」という意味がありますが、支援を必要としている人がもっている意欲や能力、希望や長所などの意味を含みます。ストレングスの視点での支援は個人の強みに働きかけます。ストレングスモデルによれば、人は誰でも、4種類のストレングスをもっています（図表5-4）。

　子育て支援においては、保育士は、保護者が本来もっている強さや長所（潜在的な力）に注目します。そして、その力を活用して、保護者が主体的に子育てに向き合えるように支援します。実際には、保護者の強みがみえにくい場合も少なくありません。保護者の潜在的な強みや長所を引き出すには、保育士が保護者の思いに耳を傾け、子どもを中心に保護者と連携して相互に関わることで理解を深め、保護者が主体となって子どもに関わったり自分で決めたりすることができるようにその過程を支援します。

プラスワン

ストレングスモデル
チャールズ・ラップらによる、できないことではなく、その人のストレングス（strengths）＝強みにアプローチするモデル。

潜在的な力
支援を必要としている人のもっている意欲や能力、希望や長所などを含む意味をもつ。

図表5-4　4種類のストレングス

性格や個人の属性	生活に抱く強い願望
才能・技能	環境（物的、人的）

3　保育を活用した保護者が有する子育て力の向上に資する支援

　保育所の保育活動へ保護者が参加する機会は、保護者がみずから子育てを実践する力を引き出し高めるうえで役立ちます。たとえば、保育参加をとおして、集団のなかの子どもの様子から保護者の子ども理解が深まったり、保育所保育や保育士との相互理解が深まったりします（図表5-5）。

図表5-5　保育参加の内容の例

> ・保育士の子どもへの関わり方を見る。
> ・子どもの遊びに参加する。
> ・集団内での子どもを観察する。
> ・他児の観察、他児と関わる。
> ・保育活動（保護者活動）に参加する。

　保護者にとっての保育参加には、養育力の向上に役立つ次のような利点があります。

図表 5-6　発達に応じた子どもの気持ちの理解

ほんとね。電車さん、寝ているね。どんな夢をみているのかな？　みんなも園に戻ってご飯たべて、お昼寝しましょうね。

なるほど、変なことをいうと「ちがうよ」と正していたけれど、大人も一緒にファンタジーの世界で楽しめばいいのね。

電車さんが寝てるね

あー！　お昼寝

電車さん、さようなら

① 適切な接し方に気づく

　保育士と子どもの関わりは、保護者の子どもへの関わりの行動見本となり得ます。保育参加の際や送迎時は、保護者にとって保育士が子どもに関わる様子を見るよい機会です。たとえば、保育士は、日々保育の専門性を活用し、子どもの様子から言葉にならない思いをくみ取ったり子どもを見守りながら、**必要最小限の援助をして自立を促したり**します。保護者は、保育士によるこのような一人ひとりの子どもの発達に応じたきめ細やかな関わりを見ることで、子どもへの接し方の気づきを得ることができます。

　保育参加や保育参観は、子どもの遊びの世界や行動の意味がわかるなど、わが子の理解を深めるうえでも役に立ちます。また、保育参加をとおして、家庭で対応に苦慮したり困ったと感じる子どもの姿が、発達するうえで意味のあることだったと気づく場合もあります（図表 5-6）。

② 遊びの観察をとおして子どもの理解が進む

　保育参加では、同じ年齢の他児を観察したり集団遊びを見たり参加したりする機会もあります。集団遊びの観察は、子どもの育ちの状態を理解したり、家庭での子どもへの関わり方を振り返ったりする機会にもなります。

　遊びは、乳幼児期の心身の発達に不可欠です。そのため保育のなかでは、一人ひとりの子どもが夢中になって存分に遊ぶことができるように環境を工夫して整え、個々の発達に合わせて関わっていきます。保育参加をとおして、保護者は子どもにとっての遊びと子どもへの寄り添い方を学ぶこともできます（図表 5-7）。

プラスワン

エンパワメント

「権利や権限を与えること」の意の法律用語として17世紀から使用されていた。この用語が広範に用いられるようになったのは、第二次世界大戦後のアメリカの公民権運動をはじめとする社会変革活動が契機である。そこでは、社会的に差別や搾取を受けたり、みずからコントロールしていく力を奪われたりした人々が、そのコントロールを取り戻すプロセスを意味するようになった（久木田、1998年）。

5 コマ目　保護者および地域が有する子育てをみずから実践する力の向上に資する支援

図表 5-7　遊びの観察をとおした子ども理解

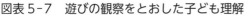

また、ひとりで遊んでる。どうしてみんなと一緒に遊ばないのかしら。困ったわ。

○○ちゃん、ひとりだよ、みんなと遊ばないの？

○○ちゃん、ワクワクするものあったかな？見に行ってみましょう。

なるほど、子どもが夢中になっていることを大切に見守り、こちらから寄り添ってあげればいいのね。

うん、行ってみよう！

うん、○○ちゃんに聞いてみよう。

子ども中心の人的環境

遊びに夢中になれる環境、
遊びにじっくり取り組める環境

図表5-8　異年齢保育の観察をとおして発達の見通しをもつ

4・5歳児

家庭での対応は大変ですよね。子どもは自分でやることやお友だちとのやりとりをとおして、気持ちのコントロールができるようになるんですよ。
年長の子どもたちの協力する姿を見てください。

2歳児

イヤイヤはほかのお子さんも同じなんだな。
（4・5歳児を見て）
なるほど。今は大変だけど、うちの子もきっとあの子たちのようになるんだな。

③ 発達の見通しをもつ

　年長の子どもの遊びや生活を見ることでわが子の発達の見通しをもつ場合もあるでしょう。これらの保育をともにする経験は、家庭での子どもとの関わりによい影響を与えると考えられています（図表5-8）。

④ 保護者活動の機会をとおして有能感を得る

　保育所では、保護者会活動など、保護者たちが中心となって行う保育活動があります。活動内容はさまざまですが、たとえば、親子祭りや夕涼み会、人形劇鑑賞などがあります。保護者は、ほかの保護者とともに活動するなかで互いに認め合ったり感謝し合ったりし、役割を成し遂げたりする経験をとおして自分のよい点や自身の子育てのよさを感じ、自信を得ることもあります。

　また保護者活動への参加は、保護者が同じ子育てをするほかの保護者と関わることで周囲とのつながりを感じ、安心感を得る機会にもなります。その際保育士には、保護者同士の円滑なコミュニケーションを促したり、保護者がもっている力を発揮できるように配慮したりすることが求められます。

　このように、保護者の保育への参加には、保護者が本来備えている養育力を引き出したり向上させたりする機会として役立つため、保育所は積極的に保護者の保育参加の場を設けることが大切です（図表5-9）。

図表 5-9　保育への参加のメリット

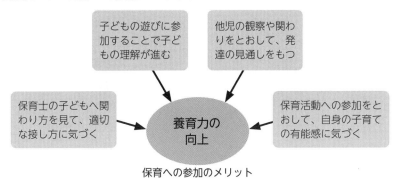

事例❷　母子関係の構築への支援

　ある日ひなたちゃん（生後7か月）と母親ゆみさんが保育園内の子育てサロンに遊びに来ました。ゆみさんはプレイルームに入ると、座ってひなたちゃんを片手で支えながら、スマートフォンをいじっています。おもちゃで遊ぶひなたちゃんの様子には関心がないようです。保育士は、おむつ替えの場所を尋ねてきたゆみさんを部屋へ案内し、様子をうかがっていました。するとゆみさんは「取り替えようね」と子どもに声をかけたものの、その後は声をかけることなく黙って手早くおむつ替えをし、元のプレイルームに戻っていきました。

　保育士は「ひなたちゃん、おむつ替えてもらってすっきりした顔していましたね。ママにおむつ取り替えてもらって気持ちいいね」とほほえみながらゆみさんとひなたちゃんに声をかけました。ゆみさんは「いい顔なんてしてたかな？」とつぶやき、保育士を見て「おむつが早くとれてほしいんだけど」と訴えるように言いました。保育士が「そうですね。この時期は子どもに時間がとられてお母さんは大変ですね。でも今日のひなたちゃんとても楽しそうで、来てくれてよかったわ」と言うと、ゆみさんは「え、そうですか。世話をしてもひなたはぐずることが多くて、私を困らせてばかりなんです」と不満を口にしました。

　その後も次から次へと子育ての不満や大変さを伝えるゆみさんに対して保育士は、大きくうなずきながら話を聞き、ゆみさんの子育ての大変さをねぎらいました。帰り際、保育士は、親子イベントにゆみさんを誘いました。その回は、愛着についての短い講話と実践「おむつでコミュニケーション」でした。「とても役に立つと思いますよ、是非参加してくださいね。待ってますね」と笑顔で伝えました。

　ゆみさんが親子イベントに参加した1週間後、子育てサロンに遊びに来たゆみさんに声をかけると、「先生、イベントで教えてもらってから、毎日何度もあるおむつ替えを、言葉をかけながら取り替えたりスキンシップをしながらやってみたら、ひなたが笑ったりうれしそうな声をたくさん出すようになったんです。子どもって母親のことをよく見ているんですね。私もひなたが何をしてもらいたいのか前よりよくわかるようになったんです。イベントに参加してよかったです」と声を弾ませて言いました。「まあ、すぐに実行してみたとは、ゆみさん素晴らしいですね。ひなたちゃんの気持ちがわかるようになって本当によかったわ。ひなたちゃん、うれし

いねぇ。これから楽しみですね」と保育士はひなたちゃんとゆみさんを見て言いました。その日プレイルームでは、ひなたちゃんに笑顔で声をかけるゆみさんの姿がありました。

　保育士による子育て支援においては、保護者の本来備えている親としての力を前提として、保護者が子どもとの安定した関係を築き、本来もっている養育力を引き出したり向上したりできるように支援を展開していきます。
　事例②の支援は次のように展開されました。
①保護者の言動の観察から、支援ニーズを把握。
②保護者が本来もっている力を引き出す機会の提供として、イベントの参加をすすめた。
③イベントでは、根拠のある子どもの行動理解や、親との愛着形成の重要性と関わり方の実際を理解・体験できる機会を提供。
④家庭での実践により、本来備えている養育力の発揮、子ども理解の深まり。
⑤保育士による支持、承認により、保護者の子育ての有能感の向上（自信の向上）。

おさらいテスト

❶ 保護者の [　　　　　]、[　　　　　] を尊重する。
❷ 保育参加は、保護者の [　　　　　] の機会となる。
❸ 保護者との [　　　　　] を深め、本来もっている力を [　　　　　] よう支援をする。

演習課題

情報提供のための環境整備について話し合おう

　子育てや支援に関する情報をどのように提供するのがよいでしょうか。保護者のなかには、子どもの育てにくさを感じているものの保育士への相談は気が進まず、一人で悩んでいる場合もあります。家庭支援ではこのような保護者に対し、子育てや子どもの気になる行動を理解するヒントを得られるような子育て情報や、外部の関係機関の情報を提供することが大切です。支援の必要な親子への情報提供についてアイディアを出し合いましょう。

ポイント：地域の関係機関や相談窓口の情報を得られるよう、園内の環境を整えるにはどうしたらよいか。支援の必要な親子へ適切な情報を提供するうえで、保護者が主体的に情報を得られるような環境を準備するにはどうしたらよいか。

5 コマ目

保護者および地域が有する子育てをみずから実践する力の向上に資する支援

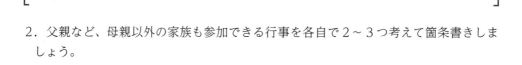

演習課題

保護者への支援について考えよう

　母親（主に養育をする保護者）への支援について、保育参加を想定して、次の問いに答えましょう。次に、母親（主に養育をする保護者）以外への行事等での支援について考えましょう。

1．支援についてまとめてみましょう。
①どのような場面での関わりが可能でしょうか。3つ以上あげましょう。

2．父親など、母親以外の家族も参加できる行事を各自で2～3つ考えて箇条書きしましょう。

3．2～3名のグループをつくり、2で箇条書きにした行事について発表し合いましょう。また、そのなかから1つの行事を選び、詳細（計画、準備、関わりの方法など）を具体的に記載しましょう。

演習課題 ✏

保護者と子どもの育ちを共有する
ロールプレイをしてみよう

- -

　保護者と子どもの育ちを共有し、相互理解を深めるためのロールプレイをします。まず、ペアになり、保育士役と保護者役を決めます。対象の子どもの年齢を決めて、お迎えのときの会話をロールプレイしましょう（ほかの場面設定でもよいです）。

①保育士から保護者へ園の様子を伝えてみましょう（本文の事例や事例以外でも）。

②保護者から保育士へ家庭の様子を伝えてみましょう（本文の事例や事例以外でも）。

6 コマ目

保育士に求められる基本的態度①

今日のポイント

1. バイスティックの7原則の個別化は、同じようなケースでも独自性が重要である。
2. 信じ合い、頼り合う関係をラポール（rapport）＝信頼関係という。
3. 受容、自己決定、秘密保持がエンパワメントと関係することについて事例をとおして学ぶ。

1 受容的関わり

　保育士は、子どもや保護者を受け容れ、また、子どもや保護者に受け容れられることで保育の信頼関係を結びます。ここでは、保育や福祉、看護などを学ぶうえで広く知られているバイスティック*をとおして、受容的関わりについて学びます。

1 F.P.バイスティックの生きた時代背景

　保育や福祉、看護などの分野で広く用いられているバイスティックの考え方は、ソーシャルワーク発展の歴史とも関係します。保育士（援助者）に求められる基本的態度は、遡ればイギリスに始まり、アメリカを経て日本に入ってきたという流れがあります。そして、イギリス、アメリカ、日本という流れは、ソーシャルワークの時代背景と言い換えることができ、イギリスによるアメリカの植民地支配や戦争などの社会情勢と関係しています。

　アメリカの社会福祉学者で、シカゴにあるロヨラ大学で30年以上にわたり教鞭をとっていたバイスティックは、援助者としての基本的な姿勢として今も活用されている「バイスティックの7原則」を示した人として知られています。彼はまた、認定委員会*の委員長として、ソーシャルワーク*に関する全国委員会*の委員を務めました。「バイスティックの7原則」が記されている著書『ケースワークの原則』は、1957年に出版されました。彼の思想を理解するうえでは、彼の生きた時代背景をみていくことが大切です。

　ここで、イギリス・アメリカ・日本の子ども家庭福祉に関する年表をみていきましょう（図表6-1）。

　バイスティックの生きた時代は、まさにタイタニック号が海難事故に

バイスティック
Biestek, F.P.
1912～1994年

アメリカの社会福祉学者、ケースワーカーでもあった。

📝 語句説明

認定委員会、全国委員会

→ソーシャルワークがまだ複数の団体によって教育されていたころの団体の一つ。

ソーシャルワーク

→社会福祉援助技術と訳されてきた。簡単にいうと人と人の幸せのための助ける方法。

図表6-1　子ども家庭福祉に関連したイギリス・アメリカ・日本の年表

	イギリス	アメリカ (1776年7月4日独立)	日本
中世	地主と農民の関係　教会の慈善活動　都市のギルド　5・6歳子ども職業訓練　労働へ　各地で戦争　不安定な状況		
1500年代	救貧法（1531年）（1572～1601年総称：エリザベス救貧法）	イギリスの植民地時代から南北戦争終わりまでの奴隷制度　現在にもつながる人種差別（独立1776年7月4日）	
1700年代	1760年代～　フランス革命（1789～1795年）		
1800年代	産業革命（1760年～1830年） 1834年　新救貧法 イギリスの繁栄と貧富の差 1850年代 1870年　孤児院バーナードホーム	19世紀初頭　慈善事業の活発化 1873年深刻な不況	明治期から第二次世界大戦 棄児養育米給与方（1871年） 恤救規則（1874年） 養育院（1873年） 児童福祉施設の起源（開国後、外国人とともに外国文化がたくさん入ってきた時代） 1887年岡山孤児院設立　石井十次 1890年新潟静修学校設立（1890年日本初の保育所　赤沢鍾美・仲子夫妻） 1891年滝乃川学園設立石井亮一・筆子夫妻　知的障害児施設へ
1900年代	タイタニック号沈没（1912年） 第一次世界大戦（1914～1918年） 第二次世界大戦（1939～1945年） 「ゆりかごから墓場まで」（1942年ベヴァリッジ報告） ノーマライゼーションの影響（1950年～スウェーデン・デンマーク） 「コミュニティの力」を生かそう（1968年シーボーム報告） ノーマライゼーションからソーシャルインクルージョンへ（1990年コミュニティ・ケア法）	タイタニック号沈没（1912年） バイスティック生まれる 第一次世界大戦 戦後好景気 1929年株価暴落 世界恐慌 第二次世界大戦（1939～1945年） 1960年代貧困者の急増 1965年ヘッド・スタート・プログラム	1900年二葉幼稚園設立　二葉保育園（1916年）へ　野口幽香と森島（斎藤）峰 母子保護法（1937年母子保護法制定） 第一次世界大戦 第二次世界大戦（1939～1945年） 1941年「産めよ殖やせよ」閣議決定 1941年12月太平洋戦争（WWⅡ）が始まる。 1942年整肢療護園設立 高木憲次（治療と教育を同時に受ける「教療所の必要性を訴える」）

6
コマ目

保育士に求められる基本的態度①

タイタニック号事件はジェームズ・キャメロン監督によって映画にもなり、日本でも有名になりましたね。

遭った年にあたります。バイスティックが生まれた1912年以降は第一次世界大戦が起こり（1914～1918年）、その後第二次世界大戦（1939～1945年）も起こっています。大きな戦争が立て続けに起き、多くの人々が戦争の影響を受け、家族を失ったりその土地に住むことも難しく、食べることや生活することもままならない人々が大勢いた時代です。そんな時

代背景にあって、バイスティックは、戦争によって理不尽に幸せを奪われる人々を多数見聞きし、あるいは関わってきました。バイスティックは幸せを奪われた人々にキリスト教を基本とした関わりを続け、その実践と研究のなかで対人援助の大切な概念を、7つにまとめたのです。これが「バイスティックの7原則」と呼ばれるものです。

イギリスは、かつて世界の工場*と呼ばれ、世界中に積極的な植民地支配を進めていました。アメリカは、このイギリスの植民地で支配下にありましたが、独立を果たしています（1776年）。

世界の工場と呼ばれ、世界に経済力を誇示していたイギリスでは、大西洋を渡ってアメリカにも行き来し、大きな富を得た者もいました。映画『タイタニック』（1997年）は、大富豪からアメリカでの成功を夢見る者まで多くの乗客を乗せ、イギリスのサウサンプトン港から出発してアメリカのニューヨークを目指す途中に氷山に接触したことが原因で沈没した、海難事故をテーマにしたものでした。イギリスとアメリカは、かつては植民地支配の関係にありましたが、経済面でも、人、もの、金が行き来していたことがこの映画からもうかがい知ることができます。

アメリカのイリノイ州生まれのバイスティックは、イギリスをはじめとする世界各地からやってくるさまざまな国籍、人種の人々と出会いました。アメリカで経済的に成功を収める者もいれば、経済的に一敗地にまみれて明日をもしれない者もいました。そういった貧しい人たちにキリスト教を基盤として関わり、多くの人と信頼関係を結びながらそれぞれの生活問題を解決していく長い実践のなかで、援助関係に共通するポイントがみえてきました。それが「バイスティックの7原則」として、今も援助者の基本的態度として、保育や福祉の現場で活用されています。

2 バイスティックの7原則の内容

効果的な援助を行うためには、援助者と利用者の信頼関係がより大切になります。よりよい援助関係を築き、問題の解決を図っていくために必要な「バイスティックの7原則*」の内容をみていきましょう。

① 個別化

個別化は、その利用者ならでは（保護者や子ども）の性格や抱える問題、利用者を取り巻く環境や置かれている状況を的確に理解し、援助を展開するという原則です。つまり、もし、同じようなケースがあったとしても、その利用者ならではのケースであることを理解することが大切だということです。個別化の原則は、利用者をたくさんの人たちのなかの同じような一人として扱うのではなく、利用者はほかの誰でもない、その利用者だけの個性をもったその利用者だけとして接し、大切にするという原則です。

② 意図的な感情の表出

意図的な感情の表出は、利用者の感情や気持ちを援助（助ける、支える、やがてみずからが解決する）するという目的をもち、利用者に自由に表現させる原則です。利用者が自由に感情を表現できると、利用者の混乱している気持ちや心を整えることができ、問題の軽減につながります。意図的

✏️ **語句説明**

世界の工場

→世界中に植民地をもっていたイギリスは各国と盛んに交易をしていた。当時のイギリスは18世紀末から始まった産業革命により、農業中心の伝統的な産業から工場生産業が中心となっていた。世界の工場とも称され、繁栄したイギリスは、万国博覧会を開催することで工業力を世界に知らしめることになった。また、1862年開催の第2回ロンドン万国博覧会の開会式に、賓客として日本からの使節団も出席している。

な感情の表出の原則は、援助者が利用者に対して、利用者自身が感情や問題の所在に気づいていくような働きかけをすることにより利用者の感情を導き出し、援助者と利用者のお互いの理解によって本来利用者自身にある問題を利用者自身が解決する力を引き出し、高めるように努める原則です。

③ 統制された情緒的関与

「統制された情緒的関与」とは、援助者が自分自身の感情や気持ちをよく知り、適切にその感情や気持ちをコントロールして利用者に関わるということです。援助者は、利用者と接するなかで、知らず知らずのうちに、援助者の個人的感情や自己満足を援助のなかに持ち込みがちになります。援助者のなかにある感情や気持ちは否定するものではなく、まずは「ある」ものとして認め、そこからこの感情や気持ちを援助のなかに持ち込んだらどうなるか、という想像が求められる原則です。

④ 受容

受容は、利用者の態度、行動、価値観など、利用者のあるがままの姿を受け容れるという原則です。利用者は、援助者に受け容れられることにより、援助者に対し安心感や信頼感をもつことができ、利用者自身が自身の問題を話すことができるようになります。問題を話せる、語れる状況にない利用者もおり、問題を問題と認識できないまま混乱だけが先行しているケースもあります。しかし、このような状況のときに援助者に受け容れられ、安心感や信頼感をもつようになり、利用者の言葉で問題を語れるようになると、利用者自身でどうすべきか、解決するにはどうすればよいのかを考えることができるようになる可能性が高くなります。ただし、利用者の反社会的な言動や逸脱した考え方までも肯定することはありませんが、その態度や行動がいつごろから始まったのか、しくみを積極的に受け容れていくという原則です。

⑤ 非審判的態度

非審判的態度とは、利用者の言動や態度などについて援助者の価値観や倫理観による判断は避け、利用者に強制しないという原則です。しかし、援助を展開するときに、利用者の過ちや失敗を適切に把握しておくことは必要なことです。援助者の役割は、利用者が社会に適切に関わっていけるように、人間的関わりをとおして援助を提供していくことです。

⑥ 利用者の自己決定

利用者の自己決定は、援助者が利用者の意思を大事にして、利用者が自分自身で選び決めることができるように促すという原則です。援助を進めるなかで、利用者自身が決め、判断することは最も大切なことです。援助者はこの自己決定の原則を大事にして、利用者みずからが積極的、主体的に問題の解決に取り組むよう促し、利用者が自分自身で生活ができるよう関わるのです。しかし、たとえば知的障害や精神障害などのある利用者にとっては、選ぶことや決めることが難しい場合もあります。このような場合、援助者が利用者のニーズを明らかにして、選び、決めることの代弁（アドボカシー）を行って、利用者の権利擁護に努めることが必要となります。

プラスワン

アドボカシー

日本語で代弁・擁護という意味。さまざまな理由でこうしたい、という気持ちや意思を伝えることが難しい子どもや利用者に代わり、保育士や援助者が気持ちや意思を伝えること。

⑦ 秘密保持

　秘密保持は、援助者が、援助を進めるなかで知り得た情報を公にせず、利用者のプライバシーや秘密を守り、援助者と利用者との信頼感を保つという原則です。援助者は、援助を進めるさまざまな場面で、利用者の個人的な生活や秘密に触れたり知ったりする機会が多くあります。援助者が、これら知り得た利用者の秘密を守ることで、利用者は援助者に対してこの人なら話しても大丈夫という安心感や信頼感をもち、援助者に、自身のことや問題についてくわしく話せるようになります。

　このように、原則は7つに分けて分類されていますがそれぞれが独立して働くものではなく、いずれの原則もお互いが関係し合い働くものです。どれか一つが欠けたとしても、よりよい援助は期待できなくなります。これらの原則をベースにしながら、よりよい援助関係を創造し、気持ちの通い合った援助をすすめることが利用者を支えることになるのです。

2　保護者との相互理解

　援助者と利用者の関係は、相互理解をとおした「信頼関係」が大切です。信頼の意味は、「信じ、頼ることができる。または、信じられ、頼られることができる」です。

　人は、生まれてから多くの場合、まずは親（養育者）をとおして世の中を知っていきます。親（養育者）と子どもの間に信頼関係がなければお互いに傷つき、誰かに大切にされた経験のないまま大人や親になり、大切にすることが（されることが）何なのかわからず、誰かを大切にできない人間になります。大切にされない人間は、不安から保身に走り、うそをついたり、正直な自分を表現できなくなったり、本当の自分は何なのかわからなくなったり、自分はこういう人間なのだと強く思い込んでしまったりする可能性があります。親（養育者）と子どもの関係の根っこには信頼関係が必要なのです。

　「保育所保育指針」第4章「子育て支援」において、保育所を利用している子どもや保護者だけでなく、保育所を利用していない子どもや保護者も対象にしていて、保育所を中心とした子育て支援が示されています（➡2コマ目参照）。

　指針には「保護者の気持ちを受け止め」「相互の信頼関係を基本に」するとあります。保育所にはさまざまな保護者がいますし、心や気持ちのありようもまたさまざまです。保育士は、保護者と子どものありのままを受け容れる態度で接し、まずは、親と子どもの相互理解と信頼関係を基本として、親と子どもと保育士の相互理解を深めます。

3 信頼関係

　ここまで、親（養育者）と子ども、援助者と利用者などの信頼関係についてみてきました。ここからは、援助関係において大切な信頼関係（ラポール）と、利用者が本来もっている問題を解決する力を引き出し、寄り添う援助の基本であるエンパワメントについてみていきます。

1 ラポール

　ラポール（rapport）は信頼関係とも訳されます。ケースワークやカウンセリングにおいて、援助者と利用者との間に結ばれる心理的な関係をいいます。相手を信じて頼ることを信頼といい、相手と信じ合って、頼り合う関係をラポール（rapport）といいます。

　たとえば、保育士と保護者の間に信頼関係があればこそ、保護者は安心して子どもを保育士に預けることができますが、信頼関係がなければ保育士と子どもの保育は成り立ちません。保育士として、信頼関係を知っておくことは保育の基本でもあります。

2 エンパワメント

　エンパワメントは、社会的に差別や搾取を受けたり、みずからをコントロールしていく力を奪われたりした人々が、その力を取り戻していく過程を意味しています。そして、その過程においてソーシャルワーカーは、その奪われた力を取り戻すために活動するのです。

　信頼関係をより深め、発展させる考え方として、エンパワメントがあります。エンパワメント（empowerment）は、17世紀に法律用語として使われたのが始まりだといわれています。その当時は「公的な権威や法律的な権限を与えること」という意味で使われていました。語源としては、力を意味する「power」に、「〜にする」という意味をもつ接頭辞の「em」と、名詞形をつくる「ment」という接尾辞がついた英語です。

　この用語が広く使われるようになったのは、第二次世界大戦後です。とりわけ、1950年代から1960年代にかけてのアメリカにおけるアフリカ系アメリカ人を中心に展開した公民権運動、障害者の脱施設化、地域での生活を目指した自立生活運動、1970年代の女性による性差別からの解放を目指したフェミニズム*など、多くの社会変革活動を契機としています。

　この契機を迎える以前のアメリカのソーシャルワークは、たとえば、貧困の問題であれば貧困の解決にのみ目標を置いていました。しかし、上述した社会変革活動期を経て、貧困の問題はいくつかの問題が絡み合っており、以前のように、貧困の解決という目標のみを置いたのでは問題の解決が難しくなりました。

　現在、エンパワメントは、社会福祉、医療と看護、経済と経営、教育、発展途上国の開発などさまざまな領域・専門分野でも使われており、「エン

「保育所保育指針」はこれまでいくつかの改定がありました。最近の改定は2017年に行われました。保育の基本として保育士の学習ではさまざまな教科に関連していることを整理してみましょう。

6コマ目 保育士に求められる基本的態度①

重要語句

フェミニズム

→女性であることで差別や格差を受けることを解消しようとする運動や考え方。近年では、男女両方の平等な権利を示す考え方になっている。

語句説明

エンパワメント・ゾーン

→貧困、失業問題を抱える中心市街地に状況に応じて指定をするという考え方。

エンタープライズ・コミュニティ・イニシアチブ

→指定をされた貧困、失業地域に問題解決の支援を行うという考え方。

エンパワメント・プランニング

→中核都市に対する投資を増加させることで地域全体を活性化させる手法。

パワメント」という言葉は、当初の狭い意味での法律用語からさまざまな領域や専門分野を越え、社会的なプロセスを表す言葉として使われています。

① ジェンダーにおけるエンパワメント

エンパワメントという言葉が多く使われる分野の一つとして、男女の性差や女性への差別を主たる問題として扱う「ジェンダー問題」をあげることができます。女性は、家庭や社会での役割規定や政治的、経済的活動への規制などにより、社会的に低い地位や栄養不良、不健康、重労働、虐待などにさらされてきました。ジェンダー問題のエンパワメントは、本来あるはずの女性の力を取り戻すための考え方であり運動でもあり、福祉分野のエンパワメントと同じ意味といえます。

② 発展途上国におけるエンパワメント

発展途上国におけるエンパワメントは、経済開発中心から人間中心の開発への転換という意味合いで使われてきました。発展途上国は、その名が示すとおり、経済的な指標の向上が主要な目標とされ、経済的先進国が経済的発展途上国に対し、資金や資材、技術などを投入し、その目標を達成しようとする介入が多くありました。そういった介入は、現地において外部からの企業が計画し、援助する側の計画どおりに開発援助が行われていました。しかし、現地の住民はイニシアチブをとることができず、意欲や希望を失っていきました。

このような状況に対し、エンパワメントは、それまでの経済的な指標の向上という目標に対し、人間そのものの発達や能力向上こそ重視されるべきで、経済発展はそれを支援する副次的目標であるという視点を示し、新たな目標を提示したのです。この新たな目標下では、福祉分野のエンパワメントや共生といった言葉と同じ意味をもち、それまでの「援助する側」と「援助される側」という構図から「ともに働き、協力し合う」というパートナーシップ的構図の形成をみることになりました。

③ 貧困対策としてのエンパワメント

先進国においても貧困対策として、たとえば、アメリカのビル・クリントン元大統領が提唱した国や州、企業や非営利団体などが協力して深刻な貧困・失業などに苦しむ地域に対し、自立的かつ長期的な経済開発を行おうとする「エンパワメント・ゾーン*」「エンタープライズ・コミュニティ・イニシアチブ*」があげられます。そこでは、現地住民自身による貧困対策や対策能力構築などがうたわれています。とりわけ、スラム化の進んだ都市部（インナーシティ問題）への対策として、「エンパワメント・プランニング*」という手法がとられています。

④ 教育の分野におけるエンパワメント

公民権運動などの社会変革活動期と同時期の1950年代から1970年代にかけて、実験的・実証的検討が行われ、概念化が進みました。ここでは、福祉分野のエンパワメントと同じく、本来学習者にある潜在的な力を高める、という意味合いで使われました。

それまで、教育の分野では、パブロフ以来、外部からのコントロールの

ための「外発的動機づけ」が主流を占めていました。たとえば教師が学習内容、時間、方法などをすべて選択・決定し、ほめたり叱ったりという方法で学習させようとするようなやり方です。その結果、子どもはほめられるために学習し、ほめられることがないことについては学習しなくなります。

これに対し、発達心理学や社会心理学の発展から登場した「内発的動機づけ」は、子どもが本来もっている好奇心や自己決定を重視しました。学習内容や時間などは子ども自身が決定し、教師や親は指図をせずに子どもの疑問に対して反応します。この過程で子どもは、自分で決めて自分で行うことや経験を積んで習熟していくことに効力感や達成感を感じます。

教師や親は、失敗にも成功にも共感的に反応します。この結果、子どもは課題を与えられたりほめられることがなくても、自分で課題を探し学習していくようになり、福祉分野のエンパワメントと同じ意味をもちます。

⑤ ビジネスの分野におけるエンパワメント

ビジネスの分野におけるエンパワメントは、1990年代から多く使われるようになりました。たとえば、それ以前は、多くの企業における意思決定はトップダウン方式でなされていました。しかし、時代の変化とともにそういった意思決定方式は企業を停滞させることになりました。

ビジネスの分野におけるエンパワメントは、企業における意思決定をむしろより顧客に近い位置にいる従業員に移し、再び企業を活性化させようという意味合いをもつところが福祉分野のエンパワメントと同じ意味をもつといえます。意思決定を従業員に移すことで、現場の従業員がその場に応じた対応をすることができ、顧客を満足させることができます。そして、以前の意思決定のあり方に比べて時間と過程が短縮されているため、コスト削減と従業員のやる気向上といった副次的効果も期待できます。

⑥ 医療や看護の分野におけるエンパワメント

医療や看護の分野のエンパワメントは、1980年代になってから用いられ、無気力に陥った患者みずからが身体と生活のコントロールを取り戻すことにより、気力の充実した生活を回復していく過程を表す概念として検討がなされるようになりました。

それまでの医療や看護のあり方は、医療従事者を中心とした患者をコントロールするための看護や過剰医療による患者の医療依存増大、施設化などの問題を抱えており、それに対する反省から、患者中心あるいは医療従事者とのパートナーシップ関係形成の重視を図るために、エンパワメントの考え方が注目され始めました。

ここまで、社会福祉以外の分野・領域におけるエンパワメントを概観してきました。エンパワメントは、それぞれの分野においてそれぞれの文脈で使われています。しかし、それぞれの分野の垣根を越えた共通する点が多くみられました。それは、「すべての人間に対しその潜在能力を信じて、その潜在能力を発揮できるような、あくまで人間を尊重した平等で公正な社会を目指す」ということです。さらに、エンパワメントがこのように多

くの領域においてその広がりをみせるのは、背景にある大きな社会の動き
が関与しているとも推測されます。

　エンパワメントは、冷戦後のアメリカやそれを取り巻く世界規模での政
治構造や民主化、市場経済化、都市化などが振興するなかで生まれた概念
であり、またそれを促進するために利用されてきた概念であると考えられ
ます。

　さしあたり、社会福祉におけるエンパワメントは、ほかの領域における
意味づけとより社会の動向に根ざしたうえでの意味づけとを加味しながら
研磨していかなければならないでしょう。こういった意味において社会福
祉や保育におけるエンパワメントは、まだまだ発展段階にあるといえます。

おさらいテスト

❶ バイスティックの7原則の個別化は、同じようなケースでも [　　　　] が重要である。

❷ 信じ合い、頼り合う関係を [　　　　] ＝ [　　　　] という。

❸ 受容、自己決定、秘密保持が [　　　　] と関係することについて事例をとおして学ぶ。

演習課題

グループワーク

　バイスティックの 7 原則の対義語を考えてみましょう。バイスティックの 7 原則の対義語を考えることは、援助者もまた人間であり、利用者との信頼関係を壊してしまうような態度や行動をとってしまいそうなときもあるという、人の弱さを知ることでもあります。人の弱さ（バイスティックの 7 原則の対義語）を認めることが、バイスティックの 7 原則の土台となります。

　ふだんのあなたの生活における、あなたとあなたの友人の関係を想定して考えてみましょう。まずは互いにグループをつくり、あなたの考えを書き出し、その後発表し合いましょう。

例：あなたの友人関係を想定してみましょう。
A（個別化している）：私がある友だちに親友としての特別な感情をもつ。
B（個別化していない）：私はどの友だちに対しても同じように接する。特別扱いをしない。
【個別化とその対義語についての説明と考察】
　ほかの誰とも違うあなただけという扱い（Aの扱い）を受けると、あなたは他者から大切にされるという経験を得る。一方、あなたが特別扱いをされずほかの誰かと同じように扱われる（Bの扱い）ということは、平等、公平に扱われると考えることができる。保育の援助関係において個別化と平等・公平はどういう関係にあるとよいのかを考えてみたい。

　上記の例を参考に、次の課題を考えてみましょう。
①意図的な感情の表出（A）とその逆（B）をあげます。ABの説明と考察をします。
②統制された情緒的関与（A）とその逆（B）をあげます。ABの説明と考察をします。
③受容（A）とその逆（B）をあげます。ABの説明をします。
④非審判的態度（A）とその逆（B）をあげます。ABの説明と考察をします。
⑤利用者の自己決定（A）とその逆（B）をあげます。ABの説明をします。
⑥秘密保持（A）とその逆（B）をあげます。ABの説明をします。

6 コマ目　保育士に求められる基本的態度①

レポートを書こう

‑‑

　あなたにとって、信じ、頼ることができる人とはどういう人でしょうか。その人はあなたに何をもたらしたでしょうか。あなたの体験した信頼関係と、信頼関係から得られたものを書き出してみましょう。

①あなたのこれまでの人間関係（友人、家族など）における信頼関係を書き出しましょう。

②信頼関係から得られたものは何ですか。

③これからのあなたの保育にどう生かしていきますか。

ケーススタディ①

受容とはどういうことなのか、考えましょう。

　子どもの話を聞くというのは、意外と難しいものです。皆さんも実習に行ったりすると痛感すると思います。保育士は、子どもからの唐突な、せっぱつまった問いかけやつぶやきにも耳を傾け受け容れます。受容とはどういうことなのでしょうか。下の事例をみて考えましょう。

事例　　**受容：児童養護施設から**

　次の場面は、児童養護施設に在籍する小学校 2 年生 7 歳の優太くんと保育士とのやりとりです。

優太くん：（元気のない声で）この前の日曜日にお母さんが来てくれるはずだったのに来てくれなかったんだよね……。ときどきしか来ないから、楽しみだったんだけど……。

保育士：お母さんに会えなくて、がっかりしているんだね。

優太くん：うん。寂しい。電話でもしかしたら急に仕事が入って行けなくなるかもしれないって言ってたんだけど……。お母さんが僕に会いたがっていてくれているのはわかるんだけど、すごくここ（胸）がギューッとなるんだ。

保育士：そうなんだ。お母さんは仕事のために来られなくなったってことはわかっているけど、寂しかったんだね。

優太くん：うん。もしかしたらそうなるんじゃないかって思っていたけど。同じ部屋の子のところにその子のお母さんが会いに来ていたんだ。それを見てたら、ここ（胸）がギューッてなったんだ……。

ケーススタディ②

- -

　自己決定とはどういうことなのか、考えましょう。

　「ダメ」という言葉はつい口にしたり、どこかで耳にしたりします。しかし、「ダメ」という禁止の言葉ばかりに取り囲まれていては、子どもは自分で決めていく（自己決定）どころか、新しい遊びを創造することもできません。自己決定とはどういうことなのでしょうか。下の事例をみて考えましょう。

> **事例**　　**自己決定：保育所から**
>
> 「階段をかけ下りちゃダメよ」
> 「階段をかけて上がっちゃダメよ」
> 「積み木をたたくと、うるさいからダメよ」
> 「積み木をそんなに高く積んだら、危ないからダメよ」
> 「水の出しっぱなしはダメよ」
> 「砂場にボールを埋めちゃダメよ」
> 「砂を投げたらダメよ」
> 「砂を砂場の外に持ち出しちゃダメよ」
> 「砂場の道具を外に持ち出すのはダメよ」
> 「鉄棒の上を歩くのは、危ないからダメよ」
> 「ブランコから飛び降りるのは、危ないからダメよ」
> 「すべり台を反対から上がったら、危ないからダメよ」

演習課題

ケーススタディ③

- -

秘密保持とはどういうことなのか、考えましょう。

家庭支援には、いろいろな理由により離れて暮らすことになった子どもと親を再びつなげることも大事な視点として含まれています。子どもや親の秘密をいかに守り、適切なタイミングで子どもと親の信頼関係をつないでいくかは、さまざまな場面で問われます。秘密保持とはどういうことなのでしょうか。下の事例をみて考えましょう。

事例　**秘密保持：障害児施設から**

　今日は、施設入所中の青葉ちゃん（6歳）にお父さんが面会に来る日でした。青葉ちゃんがお昼ご飯を食べたあと、施設の面会室で会う予定でした。青葉ちゃんのお父さんは不定期に面会を申し込み、青葉ちゃんの好きなお菓子を買ってきて、1、2時間ほど滞在して帰っていきます。ときどき、面会の直前になって都合が悪くなったので行けないという連絡があったり、連絡もなしに面会に来ないこともありました。それでも青葉ちゃんはお父さんが来るのを楽しみにしていました。今日も、面会の時刻になっても青葉ちゃんのお父さんは来ません。担当保育士は、青葉ちゃんがお父さんが来ることをどんなに楽しみにしているのか、よく知っています。

　1時間たっても面会に来ない青葉ちゃんのお父さんについて、担当保育士は、近くにいた主任保育士に、つい「青葉ちゃんのお父さん、ひどいですよね、青葉ちゃんの気持ちを考えたことがあるんでしょうか。これで何度目ですか」と言ってしまいました。この会話は、職員の詰所で交わされていました。入口付近に青葉ちゃんとその友だちが立っている姿がありました。それに気づいた担当保育士は、とっさに会話をやめましたが、青葉ちゃんとその友だちは担当保育士たちの会話を聞いてしまったようでした。青葉ちゃんはその場から自分の部屋へ走って行ってしまいました。

保育士に求められる基本的態度②

1 関わりと信頼関係

　保育という集団生活の場では、子どもや保護者と関わり合い、信頼関係を築くことが大切です。その際には、保育士として適切なコミュニケーションのあり方を知っておくことが必要となります。6コマ目では、保育士の基本的態度として、保育相談支援の技術を学んできました。7コマ目では、保護者と信頼関係をもてるようなコミュニケーションの技法や方法を中心に学んでいきましょう。

1 分かち合いとコミュニケーション

　「コミュニケーション」という言葉の語源は、ラテン語の「共同体（コンムニオ）」ですが、「コミュニティ（地域社会）」という言葉も、同じ語源から分かれた言葉です。つまり、2つの言葉は、もともとほぼ同じ言葉だったのです。

　皆さんは、保育のコミュニケーションというと、子どもや保護者との一対一のやりとりを思い浮かべる場合が多いのではないでしょうか。しかし、「コミュニケーション」という言葉自体には、もっと大きな意味も含まれています。それは、この言葉の語源からもわかるとおり、「地域社会を存続させるために、必要なものを与え合い、分かち合う」という意味です。

　このことは、もっとくわしくいうと、「分かちもつ」という言葉で表すこともできます。「分かちもつ」は、分かち合うとほぼ同じような意味ですが、「相手と同じコミュニティで、共に引き受ける、責任をもつ」といった、より強い意味合いが含まれます。人類はその最初期から、生きるため、子どもを育てるために集団で生活し、言語だけではなく、さまざまな手段でコミュニケーションを取り合ってきました。人類の発展、社会の発展にコミュニケーションの果たした役割は大変大きなものです。

プラスワン

最初期の分かち合い

たとえば弥生時代の日本人は、米作りを行うために、リーダーを中心に仕事や役割を分かち合いながら生活していた。やがてそれが「村」としてまとまり、1つのコミュニティとなった。

　保育士を目指す皆さんに知っておいてほしいことは、保育士と保護者、あるいは保育士と子ども、といった１対１の個人的なやりとりの実践の積み重ねが、園というコミュニティの存続、さらに、地域社会全体の存続へとつながっていくということです。保育の場もまた、コミュニケーションに支えられているのです。

2　秘密保持

　「秘密保持」とは、保育士が相手（利用者、保護者、子ども）との関わりのなかで知り得た相手の情報を相手の同意なしに他者に話さない、漏らさないという意味です。「保育所保育指針」第４章１（２）「子育て支援に関して留意すべき事項」イにおいて「子どもの利益に反しない限りにおいて、保護者や子どものプライバシーを保護し、知り得た事柄の秘密を保持すること」とあります。ここには、信頼関係が大きく関わってきます。

　援助関係のなかで、たとえば、ある親が子どもの保育所での友だち関係に悩んでいて保育士に相談していたとします。保護者は深刻な精神的ストレスを抱え、子どもは登園をしたがらない状況にあった場合どうでしょうか。保育士が知り得た情報を不用意に他者に話し、回りまわって関係するほかの子どもたちやその親たちに伝わったとしたら、さらに深刻な精神的ストレスが予想されます。そうなると、保育士と保護者や子どもとの信頼関係は壊れてしまい、修復も難しくなります。

　コミュニケーションによって、保育士は利用者とさまざまなことを分かちもちますが、保育士と利用者とだけの間で分かちもつ場合がある（秘密保持）ことを考えておかなければ、信頼関係を成り立たせるのは難しいといえます。

3　コミュニケーションの３技法

　コミュニケーション技法の傾聴、質問、反映を学ぶ前に、コミュニケーションの多くを占める非言語的コミュニケーションを確認し、その後３技法である傾聴の技法、質問の技法、反映の技法をそれぞれみてみましょう。

① 非言語的コミュニケーション

　以前、竹内一郎の『人は見た目が９割』（新潮社、2005年）という本が話題になりました。これは、アメリカの産業心理学者アルバート・メラビアンの「メラビアンの法則」を著者自身の仕事などを通じて実証しているといった内容です。ここでは、このメラビアンの法則を紹介し、保育や福祉の現場ではどのようなことがいえるのかを整理してみます。

　メラビアンの法則では、相手に与える自分の印象は、55％の視覚情報（表情・しぐさ・見た目・視線など）、38％の聴覚情報（声質・声の大きさ・抑揚・テンポなど）、残り７％の言語情報（言葉づかい、内容など）によって決まるといわれています。

　この目に映る情報の55％と、音の情報の38％を合わせた93％が「人は見た目が９割」の所以です。何を話しているかという内容（７％）、長時間の議論などを通じては、話す内容や論理性なども大切になってきます。こ

のメラビアンの法則は、特に第一印象や、短い時間のなかで相手に与える自分の印象の重要な部分と理解するとよいと思います。

このように、メラビアンの指摘する見た目が9割は、非言語的コミュニケーションの重要性を示しています。この非言語的コミュニケーションのポイントとして、目線の高さ、距離、位置があります。それぞれについて確認していきましょう。

1）目線の高さ

目線の高さとは、相手との目線の高さを意味します。たとえば保育士と子どもの目線の高さが同じである場合と保育士の目線が子どもよりはるかに高い場合を考えてみましょう。これは実際に実験をしてみるとよいのですが、相手と向かい合って1分ほど相手の目を見て、目線の高さを同じにしてみます。非言語的コミュニケーションですので、おしゃべりをせず、相手の目をじっと見ます。にらめっこのような状態です。

次に、相手を下に見る高さの目線で相手の目を見ます。下に見ているだけですが、相手より優位に立ったような感覚になることがあります。そして、相手を上に見る高さの目線で相手の目を見ると何だか申し訳ないような、相手に怖さを感じたり身構えたりしたくなるような感覚になることがあります。

2）距離

距離とは、相手との物理的な距離を意味します。そしてその物理的距離は、相手に対する自分のなかの安心や不安という気持ちとも関係しています。少し注意しなければ相手の声が聞こえない程度の距離（5～6メートル）に向かい合って離れてみます。そこから、お互いの顔を見ながら一歩ずつ近づいてみます。一歩、また一歩と。最初はお互いに歩幅が広く、勢いよく前に一歩を踏み出していたのが、相手が近くなってくると、その歩幅が狭くなり、ある一定の近さまで近づくと、もうこれ以上近づけない限界の距離となります。

これは、実験する2人組が初対面であったり男女であったりすると距離の効果がはっきりわかります。人には、ここまでであったら人を近づけてもよい距離というものがあります。また、知らない人、知人、友人、家族といった関係性によっても近づけてよい距離があり、またそれは人によって違います。この距離の実験でも、自分よりも相手が先に距離的な限界が訪れ、それ以上距離を縮められなくなったとしてもショックを受けることはありません。あなたが嫌われたというわけではなく、相手と自分との距離の感じ方が違ったというだけなのですから。

3）位置

座る位置は、自分が相手に対してさまざまに位置を変えることで、相手に、もしくはお互いにどういう影響があるかを考えます。まずは相手を真正面にして向かい合って座る場合です。

相手の顔を見ます。ここでも、目をそらしたり笑いが出たりします。相手の正面からの情報（あくまで見た目ですが）をまともに見ていますし、自分自身の正面からの情報がまともに見られているからです。今度は、相手

これ以上近づけない限界の距離とはパーソナルスペースともいいます。個体距離、対人距離とも呼ばれ、他人に近づかれると不快に感じる空間のことです。

との座る位置をずらし、相手が斜め前にくるようにしてみましょう。すると どうでしょうか、先ほどの正面を向かい合った状態よりも少し座りやす くありませんか。それは、必要なときだけ相手を見て、自然に目をそらす ことができるからです。自分にも逃げ場があり、相手にも逃げ場を与えて いる位置です。

　今度は、相手が自分の後ろから自分の背中や後頭部辺りを見ている位置 を考えてみましょう。自分からは、相手は見えません。自分から相手の情 報がわかるのは、見える情報以外の情報、ちょっとした物音や、相手の呼 吸音、咳払いといった程度のものです。相手が後ろにいるけれど、どこを 見て、何をしているか定かではありません。もしかしたら、自分の背中に 何かがついていてそれを見て笑っているかもしれないなどと考えると、居 ても立ってもいられなくなり、不安になります。これは、自分が相手の後 ろに回って相手を見ていても、相手にそういう不安を感じさせる位置にな ります。

　以上の非言語的コミュニケーションを、保育士が子どもや保護者にとっ て安心するであろうことを念頭に、目線の高さ、距離、座る位置を保護者 との面談や子どもとの遊びなどで意識することが、信頼関係を深めること につながるのです。

　ここまで非言語的コミュニケーションについてみてきました。ここから は、マイクロカウンセリング*からの引用、応用で、コミュニケーション の傾聴の技法、質問の技法、反映の技法を確認したいと思います。

② コミュニケーションの 3 技法：傾聴の技法・質問の技法・反映の技法

1）傾聴の技法

　傾聴とは、相手の話をよく聞くという意味です。人の話には、内容とそ の内容にともなう感情があります。話す人が自分のペースで話したいこと を話せるとき、話の内容だけでなく自分の感情も受け入れられてもらって いるという感覚をもつことができるでしょう。それが傾聴です。傾聴する ためには注意点がいくつかあります。

・相手が話し始める前に説明を始めない。
・相手が話をしている途中に、話の内容についての良し悪しの判断、 ジャッジをしない。
・相手の話の途中に別の仕事をしたり、書類を眺めて話の筋よりも真偽を 確かめようとしたりしない。
・相手の話の流れを変えてしまう応答をしない。
・相手の話に対し、安易な慰めや根拠のない解決方法を示さない。

　これらをまとめると、傾聴とは、相手の話に沿いながら非言語の面も大 事にし、問題の解決を急いだり安易な助言になっていないかどうか注意し つつ話を聴くということだとわかるでしょう。

2）質問の技法

　質問をすることは、たとえば子どもや保護者の話の内容と問題の所在が 明確になるという効果があります。そして、問題を抱える子どもや保護者 自身が質問され答えていくことで、問題を解決するヒントをつかみやすく

語句説明

マイクロカウンセリング

→心理学者のA.E.ア イビイが創始したカウ ンセリングの技法。コ ミュニケーションの形 に一つひとつ技法と 名づけ、目に見える形 で習得できるように工 夫されている。

なるという意味をもちます。質問をする際に大切なのは、質問者が、相手自身こそが問題を解決するという意識をもつことです。なぜなら、安易に興味や関心のまま質問を続けると、相手を混乱させたり誘導したりしてしまい、かえって問題の解決から遠ざかることもあるからです。

　質問には、絞り切った内容を確かめる「閉じられた質問」と、相手がどれを話してもよい自由が与えられる「開かれた質問」があります。

　たとえば、前者は、「昨日13時家にいましたか」などを確かめるにはよいのですが、それが「はい」か「いいえ」かでしか答えられない誘導になる場合もあります。後者は、「昨日はどう過ごしていましたか」など、昨日の出来事のなかで相手がどれを話してもよいという質問のしかたです。同時に、自由であるがゆえに、答えることが難しい場合もあります。

　また、質問をする際には注意点がいくつかあります。

・話に関係のない質問は、相手の切実な思いも遮ってしまうことがあり、不愉快さを与え、信頼関係が崩れてしまうこともあるので避ける。

・援助者としては、問題を解決してあげたい、早くしなければと焦るあまり、話の内容から思いついたことを矢継ぎ早に相手にぶつけてしまうこともあるが、それでは相手をさらに混乱させ、問題解決から遠ざけてしまうので避ける。

・誘導する質問とは、援助者が問題の解答をすでにもっているようなふるまいをして相手の質問を答えに向かって誘導することである。これも、解決しているようにみえて、実は相手は援助者に解決を依存することになるので避ける。

　以上の注意点を踏まえ、切実な思いを遮っていないか、（ときには閉じられた質問も必要ですが）基本的には開かれた質問になっているか、一度に複数の質問をしていないか、誘導する質問になっていないかなどを意識して、質問をします。援助者が相手の話の内容を深め、何が問題なのかをはっきりさせ、相手が問題を解決していけるようにしているか、が重要になります。

3）反映の技法

　反映の技法とは、相手との話でわかってきた相手の気持ちと話の内容という2つを1つのセットで相手に返していくというものです。反映の技法とは、話の内容だけでなく相手の感情を受け止め（つまり傾聴し）、わかっているということをしっかりと意思表示することで、相手側の気づきを促す技法です。たとえば、相手がとにかく悔しくて悲しいという気持ちがあるのだけれども理由がわからないとします。そのようなときに、誰かに話し、ただ受け止めてもらうだけで、その理由がわかってくるという場合があります。これが反映の技法です。

　反映の技法は、子どもの問題行動といわれるような行動の解決に生かすこともできます。問題行動とは、子どもが学校に行かない、暴力をふるう、自分の体を傷つける、うそをつく、ものを盗る、動物を傷つける、などのことを指します。なぜこのようなことをするのかというと、その背景には自らの怒りの原因を捉えることができない場合が多くあるからです。

親からの虐待などにより十分に保護されてこなかった子どもは、心の育ちの未熟性により自らの置かれた環境への怒りを自覚することができません。そのために、精神が不安定な状態にあります。そしてその矛先が、不登校や動物虐待へと向かってしまうのです。

さらに、子どもを虐待する親自身が問題を抱え、その理由をはっきりと自覚できていない場合も多くあります。理由がわからないために、怒りの矛先が子どもに向かってしまうのです。親の怒りの矛先を常にぶつけられている子どもは、それが当たり前の世界で育つため、子どもも怒りの矛先を他者への暴力の形で表してしまうのです。

親の虐待を要因とする子どもの問題行動に対しては、それをきちんと受け止め、「あなたの話の内容はよくわかっていますよ」という意思表示をしっかり行うことが大切です。そのようなやりとりを通して、子ども自身、親自身の怒りの理由を解き明かしていくのです。やりとりを重ねることで援助者と親、援助者と子どもが新たな関係性をつくり、子どもへの虐待の負の連鎖を防いでいきます。こうしたケースにおいて、反映の技法は非常に有効な技法といえます。

以上をまとめると、まず相手の話をよく聞き（傾聴）、展開や状況によって話を深め問題の内容をはっきりさせ（質問）、そして最後にあなた（相手）の話はこういう内容でこういう気持ちだったのですねと返していく（反映）ことが、保育士として大事なコミュニケーションの態度といえます。そして、傾聴、質問、反映のサイクルのなかで生まれ育っていくのが信頼関係なのです。保育士が相手を信頼し、相手（利用者、子ども）も保育士を信頼する関係が育つようなコミュニケーションが大切です。

2 関わりの方法

保育士は、子どもの最善の利益という目的をもって子どもや保護者に関わります。関わる技術や方法は、保育士の経験と知識によって質が高められます。ここでは、関わる技術や方法に不可欠な知識であるソーシャルワークについてみていきます。

1 援助者が利用者を助ける方法の概観

援助者が利用者を助ける方法のベースは、ソーシャルワークです。ソーシャルワークとは、多くの機関や人々と援助を必要とする利用者をつなぎ、利用者の支援体制を整え、機能させ、利用者を助けていく方法です。ソーシャルワークは、日本語で社会福祉援助技術や社会福祉活動、またそれらに関する知識と技術の体系とも訳されています。

ソーシャルワーク（社会福祉援助技術）について、「社会*」「福祉*」「援助」「技術」をそれぞれ解説し、簡単な日本語に変換することで少し考えて

プラスワン

社会福祉援助技術
この「技術」の部分が、社会福祉援助技術の原語であるsocial work method のメソッドを意訳しすぎたとも指摘され、社会福祉援助方法と訳されることもある。

語句説明

社会

→もとは英語のソーシャル（social）という言葉が日本に入ってきたころ、福沢諭吉らが考え抜いた末、ソーシャルダンス（社交ダンス）にヒントを得て「社交」としたことが始まり。理由や身分を特に必要とすることなく、人と人が交わる様子をみて社交としたのである。この社交が現在の社会になった。

福祉

→もともとは英語のウェルフェア（welfare）に、福祉という言葉を当てたのが始まり。よりよい（wel）と、導くことや運ぶこと（fare）が合わさった言葉。福男、福引、福袋、大福など、日本語でよいとされている言葉のため、welを「福」に当てた。「祉」は、部首の右側に止めるという言葉をもっていることからも止める、その状態を続ける、そのままの状態を運ぶ、導くという意味でfareに「祉」を当てた。「よりよいこと（福）が、ずっと導かれ続きます（祉）ように」と、現在から未来へ希望が込められた言葉である。

みたいと思います。

「社会」は、人と人とが交わる様子を示すものとして、そのエッセンスだけを抜き出すと「人と人」となります。

「福祉」は、一言でいえば、しあわせだといえます。よりよいこと（福）が、ずっと導かれ続きます（祉）ようにと、現在から未来へ希望が込められた言葉として、福祉ができました。

「援助」は、助けるという意味をもちます。よく相談援助は、保育、福祉の分野でも耳にする言葉ですが、話し合い助ける、助けるために話し合うという意味になります。

「技術」は、物事を上手に行う技（わざ）という意味があります。

以上をまとめると、社会福祉援助技術とは、人と人（みんな）のしあわせのために、助ける技という意味になります。

ソーシャルワーク（社会福祉援助技術）は、直接援助技術、間接援助技術、関連援助技術に大別されます。

直接援助技術とは、援助者が利用者に直接関わり助ける方法です。このなかには、援助者が利用者個人と関係して助けるという個別援助技術（ケースワーク）と、援助者が利用者の属する集団の助けを活用して利用者を助けるという集団援助技術（グループワーク）があります。これらは、地域援助技術（コミュニティワーク）と合わせて、ソーシャルワークの問題解決のための伝統的な方法であり、基本的な方法です。

間接援助技術とは、援助者が利用者に間接的に関わり助ける方法です。このなかには、援助者が地域に関係して地域にある助け合う力を生かして利用者を助ける地域援助技術（コミュニティワーク）、利用者や集団、地域の問題や課題を明らかにする社会福祉調査法（ソーシャルリサーチ）、福祉施設や団体の円滑な運営を考える社会福祉運営管理法（ソーシャルウェルフェアアドミニストレーション）、利用者や集団、地域の課題解決のために計画を立てて進める社会福祉計画法（ソーシャルウェルフェアプランニング）、利用者や集団、地域の課題解決のために利用者や集団、地域などの当事者自身が行政などに直接交渉するなどの行動をとる社会福祉活動法（ソーシャルウェルフェアアクション）などがあります。

ソーシャルワーク（社会福祉援助技術）の方法は、**関連領域**（保育、介護、リハビリテーション、看護など）とお互いから影響を与え合い、今もなお発展し続けています。このように、助ける方法とは、ソーシャルワーク（社会福祉援助技術）であったのです。

2　歴史から登場した援助の5つのとらえ方

援助（助けること）の歴史をみておきましょう。歴史から生まれた問題に対する5つのとらえ方があります。ある問題が起こると、人間は歴史的に問題の原因を、超自然、身体、心、行動、環境・状況に求めてきました。これは、人間が試行錯誤しながら問題を解決し、積み重ねてきた援助の歴史でもあります。現代の事例を参考に問題のとらえ方の移り変わりをみていきましょう。

例として、年長児クラスの女の子が、突然保育所に行かなくなったことを題材に考えてみます。

1つ目は、超自然の問題としてとらえ解決しようとするものです。たとえば、女の子が保育所に行かなくなったのは、ある日、お寺の境内で遊んでいて、お墓の一部に誤って投げたボールをぶつけてしまい、仏様の罰が当たったために体調が悪くなったとするような考え方です。おはらいに行ったり、神仏に祈ったりして体調を整え、病気を治してもらうというような非科学的な考え方ですが、援助の歴史的には最も古く、神仏に対する考え方や信仰は私たちの生活に根づいています。

2つ目は、からだの問題として解決しようとするものです。女の子が保育所を休んだのは、何らかの身体の異変（病気など）があったからだととらえるものです。腹痛や頭痛、けがなど、身体的な異変が原因で動くことができないとなると、医師をはじめとする医療チームに病院で診てもらい（診断）、異変の原因を取り除き（治療）、再び日常生活が送れる正常な状態にします。これも歴史的には古く、誰もが身近に病院受診をしたり、聞いたり、経験したりして、よくわかっていることだと思います。

3つ目は、心の問題として解決しようとするものです。女の子が保育所に行かなくなったのは、たとえば、女の子の友だち関係がうまくいかなくなり、関係に悩んだこと（強く思い込んだ）を原因とするとらえ方です。身体的な問題ではなく、心理的、精神的な異変によって保育所に行くことができないと考えるものです。歴史的には、フロイトの登場によって心の問題が原因とするとらえ方が広まりました。私たちの身近でも、精神科医や心理カウンセラー、学校カウンセラー、養護教諭なども子どもの心理、気持ちの問題を解決する専門家として知られています。

4つ目は、行動の問題として解決しようとするものです。女の子が保育所に行かなくなったのは、たとえば、女の子が親の仕事の影響で食事や入浴、寝るのが遅くなっていることが原因とするとらえ方です。日中は保育所で十分に遊び、家では早めの食事や入浴、就寝をし、また朝はすっきりと起きて朝食をとり、保育所の支度ができるという規則正しい生活により問題行動を解決するというものです。ゆがんだものやそれてしまったものを、毎日のトレーニングや学習により正しい方向や道に戻すという考え方です。更生保護、大規模施設や学校などにもこの考え方はみられます。

5つ目は、環境・状況の問題として解決しようとするものです。女の子が保育所に行かなくなったのは、女の子が置かれているさまざまな人間関係（保育所、習い事、友だち、親子、きょうだいなど）や環境に原因があると考えるものです。なかでも保育所に原因の多くがあるならば、保育所の保育士や親が保育所に行けなくなっている状況を共有し、それぞれの立場から何ができるかを考え、それらをつなぎ合わせ、あるいは状況によってはつながっていたものをいったん止めたりしながら女の子が問題を解決しやすい環境を整えるものです。このとらえ方は、歴史的には比較的新しく、ソーシャルワーク（社会福祉援助技術）は、この5つ目の考え方にあたります。

プラスワン

関連領域
社会福祉援助技術は、他分野から関連する技術を取り入れている。エンパワメント、ケアマネジメント、スーパービジョン、カウンセリング、コンサルテーション、コーディネートなどもあげられる。

7コマ目　保育士に求められる基本的態度②

　問題のとらえ方、解決のあり方として医学的モデルと生活（エコロジカル）モデルという考え方があります。女の子の問題を考えるときに、前述のからだの問題へのアプローチである医学的モデルが伝統的な援助の基本にありました。医学的モデルは、医師のように、保育所に行かなくなった原因を調べ、原因を突き止め、その原因を治療し、解決することで保育所に行くようにしていく考え方です。

　生活モデルは、保育士が5つ目のアプローチ（環境・状況の問題）をとりつつ、そのほかのアプローチも認めながら女の子を支えていくことです。

　援助の方法はソーシャルワークとして説明していますが、人を助けるという広い意味で宗教や医療、心理、教育などの先行分野と、保育・福祉の分野も関わり影響し合いながら今の姿があるということを、歴史から登場した援助の5つのとらえ方を通して理解したいものです。これまで説明してきた5つのアプローチは、人間の歴史のなかで消えていったわけではなく、今現在も、学問的に整えられたり、あるいは専門的な職業に担われながら、私たちの社会にあります。

■3　一対一で信頼関係を築く

　保育士に求められる基本的態度として、コミュニケーションやソーシャルワークを概観してきました。ここでは、ソーシャルワークの具体的な技術であるケースワークを解説します。

① ケースワークとは

　ケースワーク（個別援助技術）とは、対人関係についての科学的知識や技術をもったソーシャルワーカー（保育士）による直接的な対面関係をとおして、援助するという目的をもって、生活の諸問題を抱え困難な状況にある個人（子どもや保護者）と、その個人（子どもや保護者）を取り巻く環境との間の個別的な調整を行い、個人（子どもや保護者）のもつ能力と社会資源を活用し開発し、問題解決や課題達成を図るソーシャルワークの実践のことをいいます。

　ケースワークでは、効果的な援助を行い、保育士と子どもや保護者との信頼関係を築くことが重要になります。よりよい援助関係を想像し、問題の解決を図っていくために留意すべきこと（原則、構造、展開過程）があります。ケースワークの原則については、前述したバイスティックが示した7原則にあるとおりです（➡6コマ目参照）。ここでは、ケースワークが成り立つ構造、ケースワークの展開過程を確認します。

② ケースワークの構造

　ケースワークの構造は、4つのPとして広く知られており、「person（人）」「problem（問題）」「place（場所）」「process（過程）」で成り立っています。

　「人」は、生活上の諸問題にあって、社会福祉の援助を必要とする人々や家族、その人たちへ援助を行う専門職（保育士や援助者など）のことをいいます。「問題」は、社会福祉の援助を必要とする人々が抱える生活上の問題のことをいいます。「場所」は、援助が実際に行われる社会福祉機関や社

会福祉施設をいいます。「過程」は、ケースワークの援助の展開過程をいいます。

これら 4 つの P に加え、profession（専門職）、provision（制度・施策）や、ケースワークの「目的」や保育士と子どもや保護者との間に結ばれる対等な「援助関係」、援助の目的の達成のために利用される人的・物的な要素である「社会資源」などもあげられます。

これらのうち一つでも欠けるとケースワークは成り立つことができず、これらの要素がそろっているからこそケースワークは成り立つのです。

③ ケースワークの展開過程

ケースワークの展開過程は、その場の思いつきで進められるものではなく、子どもや保護者のニーズや情報を把握し、時間的な流れや問題解決の状況を考えながら、科学的方法を用い、展開されるものです。

ケースワークの過程は、インテーク（受理面接）、アセスメント（事前評価）、プランニング（処遇計画）、インターベンション（介入）、評価、終結とされています。これらは互いに重なり合い、補い合って、ときには前の段階に戻ったりしながら展開されます。

4　集団の力を生かし信頼関係を築く

以下にグループワーク（集団援助技術）について説明します。

グループワーク（集団援助技術）とは、意図的なグループ活動のなかから生まれるメンバー間の相互作用とプログラム活動をとおして、メンバー各人の成長やグループの発達を促しニーズを充足させ、同時に地域社会の発展に貢献する、援助者（保育士）によるグループとグループのメンバーを対象としたソーシャルワークの実践です。

グループワークの原則はケースワークの原則と重なり合い、展開されることもあります。グループワークの原則はケースワークと同じで、たとえば、保護者会の参加者一人ひとりとの信頼関係を築き、問題解決に結びつけていくことが大切だとされています。以下にグループワークの原則である「個別化の原則」「受容の原則」「参加の原則」「葛藤解決の原則」「経験の原則」「制限の原則」「継続評価の原則」についてみていきましょう。

個別化の原則は、グループ内のメンバーが個性を失うことなくグループ活動に取り組めるように、個性を大事にした援助を展開する「グループ内の個別化」と、社会に存在する多種多様なグループは独自の性格を有していることを把握したうえで援助を行う「グループの個別化」のことをいいます。たとえば、あなたが保育士として保護者会をまとめる際に、「ほかのクラスの保護者会のほうがまとまっている」などという比較を示したりしないことです。

受容の原則は、グループのメンバーがいろいろな価値観をもち、さまざまな行動や態度をとったとしても、あるがままの姿を受け容れるという原則です。

参加の原則は、グループ活動に対して、メンバーの自主性・主体的参加を促す原則です。

> 📋 **プラスワン**
>
> **グループワーク（集団援助技術）**
>
> アメリカのレヴィンらによるグループダイナミックス理論の影響を受け、グループを構成するメンバーの性格やグループ内の人間関係、グループワークの過程の重要性が注目されることになった。

葛藤解決の原則は、さまざまな葛藤や課題をグループみずからが解決できるように導くという原則です。

経験の原則は、グループ活動をとおして、さまざまな経験をすることで、メンバーが社会的な成長をしていくという原則です。

制限の原則は、グループの行動に制限を設け、一定の条件下でも効果的な活動が行えるよう促す原則です。

継続評価の原則は、グループ活動を継続的に分析・評価し、次の活動へ発展させるという原則です。これらはケースワークの原則と同じように、互いに重なり合って、補い合って、同時進行的に展開されます。

5　地域のつながりを生かし信頼関係を築く

以下にコミュニティワーク（地域援助技術）について説明します。

コミュニティワーク（地域援助技術）とは、元々ある地縁や血縁、職縁などさまざまな地域のなかのつながりを生かし、住民同士の信頼関係を築き、たとえば、地域の子育て中の孤立問題の解決を目指すものです。地域の問題解決には、地域社会に存在する生活問題の予防や除去という何らかのタスク（業務や仕事）の達成状況を意味するタスクゴールという考え方があります。それに対し、目指される目標よりも、行為のプロセス一場面一場面にこそ真の目標があるという**プロセスゴール***という考え方があります。

地域の問題は、地域社会の諸問題について調査などで問題を明確に把握し、各種の活動団体を問題解決のために組織化して、計画を立て、実践し、解決に向けていきます。そして、問題は解決されたか、残された問題はないかなどの評価を行います。地域住民みずからが解決していく力を養っていくという意味で、すぐに解決を得なくともプロセスゴールこそが、福祉的な地域援助といえるのです。

コミュニティワーク（地域援助技術）は、プロセスゴールを通じて地域住民みずからが問題を解決していく力を養っていくことが目的なのです。

タスクゴールが有効ではないかといえば、そうではなく、緊急性を要する地域課題に短期間で介入し、解決する際に有効な考え方といえます。即効性のある解決を得られる一方で、別の問題が生じた場合に、地域住民みずからが解決するというよりも、地方公共団体の介入や解決を待つというような姿勢になる側面があります。地域の問題解決に向けて、平常時はプロセスゴールを、緊急時にはタスクゴールをというような使い分けや組み合わせが大切です。以上の考え方は、保護者と保育士がそれぞれに、または一緒に地方公共団体主体の活動に参加したり地域住民主体の活動に参加したりしながら、子どもの情報共有、課題解決に役立てることができます。

おさらいテスト ///

❶ コミュニケーションは、[　　　　　]という意味がある。

❷ 相手が近づくと不快になる距離を [　　　　　]という。

❸ 福祉は、簡単にいうと [　　　　　]という意味がある。

///

ロールプレイ

- -

２人一組になり、ロールプレイをしてみましょう。

①どちらかが話し手、どちらかが聞き手になり、役割分担を行う。

②話し手は、最近あった印象に残っている出来事を話す。

③聞き手は、傾聴の技法を意識しながら話し手の出来事を聞き、必要に応じてメモをとる。

④聞き手は、話し手の出来事を聞き終わったら、話の内容をいったんノートにまとめる。

⑤聞き手は、ノートにまとめた話の内容を読み返し、話し手の話したかった内容とそのときの気持ちを推察する。

⑥聞き手は、話し手の話の内容と気持ちを明確にするために、質問の技法を意識して必要に応じて質問する。

⑦聞き手は、聞き取った話の内容を整理し、反映の技法を用いて、話し手に話し手が話した最近あった出来事の内容やそのときの気持ちを伝える。

⑧話し手は、聞き手から返ってきた話の内容とそのときの気持ちを聞き、話し手の話したかった内容と気持ちが伝わっていたかを確認し、聞き手に感想を伝える。

⑨聞き手は、話し手から返ってきた話の感想（内容や気持ち、聞き手の印象なども）を聞き、ノートにまとめる。

⑩話し手と聞き手の役割を交代し、①～⑨まで同じ作業を行う。

　ここまでのやりとりを、可能ならば録音や録画をしておきます。そして、一連の演習を終えたあとに再度見直したり聞き直したりしましょう。時間がかかる作業なので、録音や動画を文章に起こし直して逐語記録をつくり、その作業が終わったあとの感想をノートにまとめましょう。そのとき、演習の際に、ノートにまとめた話の感想とは区別しておきます。

　逐語記録をつくる作業が終わったあとの感想をノートにまとめるポイントとしては、以下のことがあげられます。

・コミュニケーションの目線の高さ、距離、座る位置

・コミュニケーションの基本的な３つの技法である、傾聴、質問、反映の各技法

　それぞれの内容をチェックすると面接時の聞き手の特徴や癖がわかり、話し手に対して与えたであろう印象も確認できます。

　最後に、演習クラス全体で、自分が聞き手として担ったときにわかったことなどを発表し合うとさらに理解が深まります。

事例から考えてみよう

　以下の事例は保護者（以下、母親）と保育士のやりとりです。保育士の立場になって、母親と保育士のやりとりをこのコマの82-83頁で学んだ、ケースワークの考え方や方法をもとに、考えてみましょう。

①母親の課題について整理してみましょう。

②事例の、保育士の関わり（応答）に不適切な箇所はありますか。そのうえで、あなたが担任の保育士であったらどういう関わり（応答）が考えられるでしょうか。

母親：もう経済的にやっていけないのです。

保育士：もう少し、くわしく聞かせてくれませんか？

母親：先日、主人が病気で倒れたんです。

保育士：（保護者の方を見てうなずく）

母親：これまで人一倍元気な人で、病気一つしたことがなかったんですよ……。

保育士：病気になっても大丈夫ですよ。すぐよくなられますよ。

母親：本当にそうなんでしょうか。思いもよらないことで、こんなことになるなら、蓄えもしていればよかったのに……。今ごろ気づいても遅いんですよね……。

保育士：いつ病気になるかなんて誰にもわからないですよね。遅いなんてことはありませんよ。お話ししてくださってありがとうございます。いろいろな支援制度もありますので、一緒に考えていきましょう。

コマ目

家庭の状況に応じた支援

今日のポイント

1. 子育て支援のポイントは子どもの最善の利益を考慮することである。

2. 家庭の状況を踏まえて、子どもと保護者の困りごとに着目する。

3. 子どもと保護者の親子関係に着目する。

1 保育士が担う保育に関する子育て支援

　「児童虐待の相談対応件数の増加など、子育てに困難を抱える世帯がこれまで以上に顕在化してきている状況等を踏まえ、子育て世帯に対する包括的な支援のための体制強化等を行う」（厚生労働省「児童福祉法等の一部を改正する法律案の概要」）こととして、2022年6月、「児童福祉法等の一部を改正する法律」が成立しました。

　改正の概要には、「子育て世帯に対する包括的な支援のための体制強化及び事業の拡充」について、「身近な子育て支援の場（保育所等）における相談機関の整備に努める」ことが明示されました。つまり、身近な子育て支援の場である保育所には、子育て世帯に対する包括的な支援の位置づけから、保育士による「保育に関する指導*」（「児童福祉法」第18条の4）の強化を図ることが求められています。

　「保育所保育指針解説」第4章に、「保育に関する指導とは、保護者が支援を求めている子育ての問題や課題に対して、保護者の気持ちを受け止めつつ行われる、子育てに関する相談、助言、行動見本の提示その他の援助業務の総体を指す」としています。

　つまり、「保育に関する指導」とは、要因となる家庭の状況を包括的にとらえたうえで親子関係を構築する過程に関わりながら、「保護者が支援を求めている問題や課題」を保護者が解決できるように支えることをいいます。その支援には、「保護者の気持ちを受け止めつつ」とあるように、家庭の状況のなかで発生する問題や課題に対する保護者の気持ちを受け止め、共感的に理解したうえで保護者がもつ強みに着目し、その力が十分に発揮できるよう配慮することが必要となります。

重要語句

保育に関する指導

→「この法律で、保育士とは、第18条の18第1項の登録を受け、保育士の名称を用いて、専門的知識及び技術をもつて、児童の保育及び児童の保護者に対する保育に関する指導を行うことを業とする者をいう」（「児童福祉法」第18条の4）。

2 家庭の状況に配慮した個別支援

　子育て支援事業の実施にあたり、「保護者が、その児童及び保護者の心身の状況、これらの者の置かれている環境その他の状況に応じて、当該児童を養育するために最も適切な支援が総合的に受けられるように、福祉サービスを提供する者又はこれに参画する者の活動の連携及び調整を図るようにすることその他の地域の実情に応じた体制の整備に努めなければならない」（「児童福祉法」第21条の8）と、市町村の責務が規定されています。

　このような児童および保護者の心身や家庭の状況に応じた支援が行われるためには、市町村の関与を受けた保育所はどのような個別支援を行う必要があるのか「保育所保育指針」を踏まえ、考えてみましょう。

1 多様化する保育を必要とする家庭状況に配慮した個別支援

　雇用形態、労働時間など、働き方が多様化するなか、仕事をもつ保護者と子どもで構成される核家族による子育ての状況は、各家庭の**ワーク・ライフ・バランス**の状態により異なります。つまり、家庭の状況を把握する際には、仕事と子育てを含む生活の調和が十分にとれていないことにより生じる**保育ニーズ**に着目する必要があります。

　この保育ニーズを軽減するにあたり、「市町村は、（中略）市町村子ども・子育て支援事業計画に従って、地域子ども・子育て支援事業として、次に掲げる事業を行うものとする」（「子ども・子育て支援法」第59条）という規定により、市町村は、2015年度より、病児保育事業や延長保育事業などの多様な保育を充実させていくことになりました。

　一方、2019年に提示された**働き方改革**を推進するため、①労働時間の見直し、②雇用形態に関わらない公正な待遇の確保などの措置が講じられることになりました。このような働き方改革の推進により、子育て家庭の状況に応じ、長時間労働や待遇の差が生じないような働き方を選択できるようになると、ワーク・ライフ・バランスの実現につながることになります。

　しかしながら、働き方改革の推進が提示されたとはいえ、仕事と子育ての両立に努める保護者の雇用環境が十分に整ったわけではありません。そのため、病児保育事業や延長保育事業などの多様な保育の充実が求められています。

　そこで、多様な保育を実施するにあたり、「保育所保育指針解説」第4章2（2）「保護者の状況に配慮した個別の支援」アでは、病児保育事業や延長保育事業を行う場合、子どもの福祉の尊重を念頭に置き、子どもの生活への配慮がなされるよう、家庭と連携、協力していく必要があるとされています。つまり、子どもの状況を保護者と共有したうえで子どもの最善の利益を考慮し、子どもの負担とならないよう十分な配慮のもと、多様な保

プラスワン

ワーク・ライフ・バランス（仕事と生活の調和）

仕事と生活の調和が実現した社会とは、「国民一人ひとりがやりがいや充実感を感じながら働き、仕事上の責任を果たすとともに、家庭や地域生活などにおいても、子育て期、中高年期といった人生の各段階に応じて多様な生き方が選択・実現できる社会」である（内閣府、2010年）。

保育ニーズ

保育の必要性があるにもかかわらず、家庭内において保育を担う環境が十分に整っていない状態を指す。仕事と子育てを一人で担うひとり親家庭や、仕事の調整が難しい共働き家庭では保育ニーズが生じやすい。

働き方改革

一億総活躍社会の実現に向けて、多様な働き方を選択できる社会を実現する働き方改革を総合的に推進するための措置が講じられることになった（厚生労働省、2019年）。

育を行う必要があるといえます。

2 障害のある子どもの家庭の状況に配慮した個別支援

「障害者の権利に関する条約」（2014年）の批准により、障害の有無によって分け隔てられることなく共生する社会の実現のために、障害者および障害児にとっての社会的障壁*の除去や、合理的配慮*への取り組みが進められてきました。障害児では、2012年改正「児童福祉法」で、障害児施設（通所・入所）について一元化され、障害児通所支援として、「児童発達支援、医療型児童発達支援、放課後等デイサービス、居宅訪問型児童発達支援及び保育所等訪問支援*」が規定されました。

2021年、「医療的ケア児及びその家族に対する支援に関する法律」が制定され、「国及び地方公共団体は、医療的ケア児*に対して保育を行う体制の拡充が図られるよう、子ども・子育て支援法第59条の2第1項の仕事・子育て両立支援事業における医療的ケア児に対する支援についての検討、医療的ケア児が在籍する保育所、認定こども園等に対する支援その他の必要な措置を講ずるものとする」（「医療的ケア児及びその家族に対する支援に関する法律」第9条）が規定されました。

また、2022年改正の「児童福祉法」に、「子育て世帯に対する包括的な支援のための体制強化及び事業の拡充」の一つとして、「障害種別にかかわらず障害児を支援できるよう児童発達支援の類型（福祉型、医療型）の一元化を行う」（厚生労働省「児童福祉法等の一部を改正する法律の概要」）こととして、規定されました。

このように、障害や医療的ケアを必要とする状態が社会的障壁となることがないよう、その家庭状況に配慮した保育を行う体制の拡充が進められています。

以上のように、「保育所保育指針」第4章2（2）「保護者の状況に配慮した個別の支援」イ（2コマ目参照）を踏まえ、市町村や関係機関との連

重要語句

社会的障壁

→「障害がある者にとって日常生活又は社会生活を営む上で障壁となるような社会における事物、制度、慣行、観念その他一切のものをいう」（「障害を理由とする差別の解消の推進に関する法律」（障害者差別解消法）第2条第2項）。

合理的配慮

→「『合理的配慮』とは、障害者が他の者との平等を基礎として全ての人権及び基本的自由を享有し、又は行使することを確保するための必要かつ適当な変更及び調整であって、特定の場合において必要とされるものであり、かつ、均衡を失した又は過度の負担を課さないものをいう」（「障害者の権利に関する条約」第2条）。

図表8-1　障害児の受け入れ状況

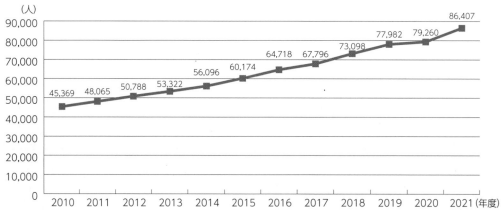

出典：厚生労働省「各自治体の多様な保育（延長保育、病児保育、一時預かり、夜間保育）及び障害児保育（医療的ケア児保育を含む）の実施状況の推移」をもとに作成
https://www.mhlw.go.jp/content/11900000/R4gaiyo.pdf（2023年7月12日確認）

携や協力のもと行う保護者に対する個別支援について整理していきます。

① 保育所受入児童数および関係機関との連携

　厚生労働省の各自治体の多様な保育のとりまとめによると、2021 年度では、保育所での障害児の受け入れ児童数は 8 万6,407 人（図表 8-1）、医療的ケア児の受け入れ児童数は、768 人（図表 8-2）といずれも増加しています。そのため、「保育所における障害児保育に関する研究報告書」（みずほ情報総研、2017 年）では、「保育所は、障害児やその疑いのある子ども、いわゆる『気になる子』の保育を行うに当たり、各種関係機関・団体等情報提供をはじめとした様々な連携を実施している」と述べられています。

　連携の内容については、保護者の接し方に関する助言・指導等、情報提供以外の「連携あり」が79.1％と高い割合を示しています（図表 8-3）。連携先の一つとなる、児童発達支援センターは、「保育所等の職員が障害のある子どもへの対応に不安を抱える場合等に、保育所等訪問支援」等、「適切な支援を行っていくことが重要である」（厚生労働省「児童発達支援ガイドライン」2017 年、27 頁）と述べられています。このことから、入所する障害児が増えるなかで、保育所は、他機関との連携において保育所等訪

重要語句

保育所等訪問支援

→「保育所その他の児童が集団生活を営む施設として内閣府令で定めるものに通う障害児又は乳児院その他の児童が集団生活を営む施設として内閣府令で定めるものに入所する障害児につき、当該施設を訪問し、当該施設における障害児以外の児童との集団生活への適応のための専門的な支援その他の便宜を供与することをいう」（「児童福祉法」第 6 条の 2 の 2 第 6 項）。

医療的ケア・医療的ケア児

→「この法律において『医療的ケア』とは、人工呼吸器による呼吸管理、喀痰吸引その他の医療行為をいう」（「医療的ケア児及びその家族に対する支援に関する法律」第 2 条）。「この法律において『医療的ケア児』とは、日常生活及び社会生活を営むために恒常的に医療的ケアを受けることが不可欠である児童（中略）をいう」（同法第 2 条第 2 項）。

8
コマ目

家庭の状況に応じた支援

図表 8-2　医療的ケア児の受け入れ状況

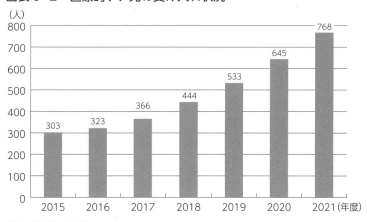

（人）
年度	人数
2015	303
2016	323
2017	366
2018	444
2019	533
2020	645
2021	768

出典：図表 8-1 と同じ

図表 8-3　障害児やその疑いのある子ども、いわゆる「気になる子」の保育での情報提供以外の連携状況

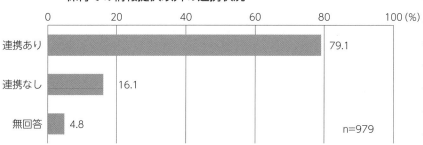

	（%）
連携あり	79.1
連携なし	16.1
無回答	4.8

n=979

出典：みずほ情報総研「保育所における障害児保育に関する研究報告書」2017 年、28 頁
https://www.mizuho-rt.co.jp/case/research/pdf/kosodate2017_03.pdf（2023 年 2 月 10 日確認）

図表8-4　子どもの障害や医療的ケアが必要である状態を受容するまで
　　　　の段階

| 第1段階　否認と孤立 |
| 衝撃をやわらげるものとして否認する。「私であるはずがない」 |

| 第2段階　怒り |
| 怒り・激情・妬み・憤慨という感情に変わる。「どうして私なのか」 |

| 第3段階　取り引き |
| よい行いにより延命がかなったら、それ以上望まないと約束する。 |

| 第4段階　抑うつ |
| 喪失感に代わり抑うつ状態になる。 |

| 第5段階　受容 |
| 最期のときが来るのを静観するようになる。 |

出典：キューブラー・ロス、エリザベス／鈴木晶訳『死ぬ瞬間——死とその過程について（改訂版）』中央公論新社、2020年をもとに作成

図表8-4を参考に、子育てに不安を感じる保護者が、「子どもの障害や医療的ケアが必要である状態を受容するまでの段階」に生じる保護者の感情や状態などについて考えてみましょう（演習課題、99頁）。

📝 **プラスワン**

併行通園
児童発達支援センター等に通所しながら、保育所、幼稚園、認定こども園等を利用すること。

問支援を活用するなど、適切な支援を行うことが求められています。

　また、障害児通所支援事業所には、通所する医療的ケア児童等について、「保育所等との連携や事前準備及び保育所等に対するバックアップを行う」（厚生労働省「医療的ケア総合支援事業実施要綱」2022年）と、保育所、幼稚園、認定こども園および放課後児童クラブとの**併行通園**の促進が求められています。

② 家庭の状況に配慮した個別支援

　「障害があっても子どもの育ちを支えていける気持ちが持てるようになるまでの過程においては、関係者が十分な配慮を行い、日々子どもを育てている保護者の思いを尊重し、保護者に寄り添いながら、子どもの発達支援に沿った支援が必要である」（厚生労働省「児童発達支援ガイドライン」2017年）と示されています。この「子どもの育ちを支えていける気持ちが持てるようになるまでの過程」について、障害受容の過程を説明する際に用いられることが多いエリザベス・キューブラー・ロスによる「死と5つの過程」を援用し、図表8-4に示しました。

3　特別な家庭の状況に配慮した個別支援

　「保育所保育指針解説」第4章2（2）「保護者の状況に配慮した個別の支援」ウでは、特別な配慮を要する家庭として、「外国籍家庭」「ひとり親家庭」「貧困家庭」があげられています。

　「保育所保育指針解説」によると、「日本語によるコミュニケーションがとりにくいこと、文化や習慣が異なること、家庭での育児を他に頼ることができないこと、生活が困窮していることなど、その問題も複雑化、多様化している」ため、「子どもの状況を保護者と共有するとともに、保護者

の意向や思いを理解した上で」、「社会資源を生かしながら個別の支援を行う必要がある」（第4章2（2）「保護者の状況に配慮した個別の支援」ウ）と述べられています。

　以下、「保育所保育指針」を踏まえ、外国籍家庭、ひとり親家庭、貧困家庭について取り上げます。

① 外国籍家庭の状況に配慮した個別支援

　外国籍などの子どもが円滑に保育所などを利用するために、市区町村や保育所などが行っている取り組みの実施状況を把握することを目的とした調査についてみていきます（三菱UFJリサーチ＆コンサルティング「外国籍等の子どもへの保育に関する調査研究報告書」2021年）。

　外国籍の子どもの在籍状況については、60.2％が「在籍していると思われる」と回答しています（図表8-5）。つまり、調査対象とした保育所等において、約6割に外国籍の子どもがいると思われるということです。図表8-6、図表8-7は、在籍していると思われる約6割の家庭に対し把握

図表 8-5　外国籍等の子どもの在籍状況

出典：三菱UFJリサーチ＆コンサルティング「外国籍等の子どもへの保育に関する調査研究報告書」（令和2年度子ども・子育て支援推進調査研究事業）2021年をもとに作成
https://www.murc.jp/wp-content/uploads/2021/04/koukai_210426_16.pdf（2023年2月10日確認）

図表 8-6　外国籍等の子ども・保護者の受入に関して直面している課題（あてはまるものすべて）

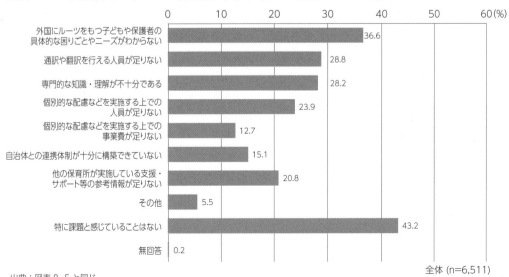

出典：図表8-5と同じ

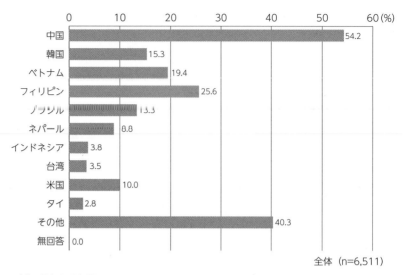

図表 8-7　ルーツがあると思われる国籍（あてはまるものすべて）

国籍	割合(%)
中国	54.2
韓国	15.3
ベトナム	19.4
フィリピン	25.6
ブラジル	13.3
ネパール	8.8
インドネシア	3.8
台湾	3.5
米国	10.0
タイ	2.8
その他	40.3
無回答	0.0

全体（n=6,511）

出典：図表 8-5 と同じ

していることについての回答になります。

　外国籍等の子ども・保護者の受入に関して直面している課題については、全体では「特に課題と感じていることはない」が43.2％と最も高く、次いで「外国にルーツをもつ子どもや保護者の具体的な困りごとやニーズがわからない」が36.6％、「通訳や翻訳を行える人員が足りない」が28.8％となっています（図表8-6）。

　ルーツがあると思われる国籍をみると、全体では「中国」が54.2％と最も多く、次いで「フィリピン」が25.6％となっています（図表8-7）。

　この調査では、外国籍の子どもと思われる家庭が在籍していると回答している約6割の保育所等が、「通訳や翻訳を行える人員が足りない」ことなどから、「具体的な困りごとやニーズがわからない」という重要な課題に直面していることがわかりました。つまり、コミュニケーションが十分にとれない場合、外国籍家庭の状況把握が難しいため、保育所における「外国籍家庭の状況に配慮した支援」を行うことは難しいということが示唆されたのです。一方、現状の取り組みについては、人員配置等による支援、ICTを活用した言語的支援、資料翻訳等、就学前支援、人材育成・職員教育に取り組んでいる状況が報告されています。

　このように、外国籍の家庭が多くなるなか、「保育所保育指針」には以下のように、「国籍や文化の違いを認め、互いに尊重する心を育てる」ことと、「小学校以降の生活や学習の基盤の育成につながることに配慮」することが規定されています。

第2章4（1）「保育全般に関わる配慮事項」
オ　子どもの国籍や文化の違いを認め、互いに尊重する心を育てるようにすること。

第 2 章 4（2）「小学校との連携」

ア　保育所においては、保育所保育が、小学校以降の生活や学習の基盤の育成につながることに配慮し、幼児期にふさわしい生活を通じて、創造的な思考や主体的な生活態度などの基礎を培うようにすること。

　このことは、外国人の人材受入れ・共生に関する関係閣僚会議においても、「幼稚園、保育園等への入園を促進し義務教育諸学校への就学に円滑につなげることが重要である」（外国人材の受入れ・共生に関する関係閣僚会議「外国人材の受入れ・共生のための総合的対応策」2022年）と指摘されています。つまり、外国籍の家庭の子どもも含めた小学校以降の生活や学習の基盤につながることに配慮した保育所保育が求められているのです。

② ひとり親家庭の状況に配慮した個別支援

　「子育てと生計の担い手という二重の役割を一人で担うこととなった直後から、その生活は大きく変化し、住居、収入、子どもの養育等の面で様々な困難に直面する」（厚生労働省「母子家庭等及び寡婦の生活の安定と向上のための措置に関する基本的な方針」2020年）といわれるとおり、準備の有無にかかわらず、ひとり親家庭となった直後から二重の生活を余儀なくされるのです。とりわけ、子育てと仕事の両立支援としての保育支援や、児童に対する学習支援などは重要となります（図表 8-8）。

　そのため、「支援を必要とするひとり親が行政の相談窓口に確実につながるよう、わかりやすい情報提供や相談窓口への誘導の強化を行いつつ、ひとり親家庭の相談窓口において、実情を踏まえた、ワンストップで寄り添うことのできる体制を整備する」必要があります（図表 8-9）。

　このように、ひとり親が二重の役割を担える環境を整えていくためには、図表 8-8 にある「困っていること」の状況を把握し、困っていることを解決するための「必要な支援」が重なり合って実施されるよう、ワンストッ

> **8コマ目** 家庭の状況に応じた支援

> ワンストップで寄り添いのできる体制とは、ひとり親支援の相談窓口を 1 か所に集約することにより、子どもとひとり親（母または父）が抱える困りごとを総合的に把握し、各種サービスにつながるように連携するしくみを指します。

図表 8-8　ひとり親世帯の状況

	母子世帯	父子世帯
困っていること	家計について困っているとの回答が最も多くなっているほか、自分の健康に困っているとの回答が一定割合存在する。また、子どもの「教育・進学」や「しつけ」に悩みを抱えている。	家事等生活面で多くの困難を抱え、相談相手が少ないという傾向がある。母子世帯と同様、自分の健康に困っているとの回答が一定割合存在するほか、子どもの「教育・進学」や「しつけ」に悩みを抱えている。
必要な支援	子育てと仕事の両立支援、より収入の高い就業を可能にするための支援、学習支援等の児童に対する支援、養育費取得のための支援、生活の場の整備等が重要と考えられる。	子育て・家事と仕事の両立支援や、相談支援、就業支援、学習支援等の児童に対する支援等が重要と考えられる。

出典：厚生労働省「母子家庭等及び寡婦の生活の安定と向上のための措置に関する基本的な方針」2020年をもとに作成

図表 8-9　ワンストップで寄り添い型支援を行うことができる体制

支援を必要とするひとり親が行政の相談窓口に確実につながるよう、分かりやすい情報提供や相談窓口への誘導の強化を行いつつ、**ひとり親家庭の相談窓口において、実情を踏まえた、ワンストップで寄り添い型支援を行うことができる体制を整備**

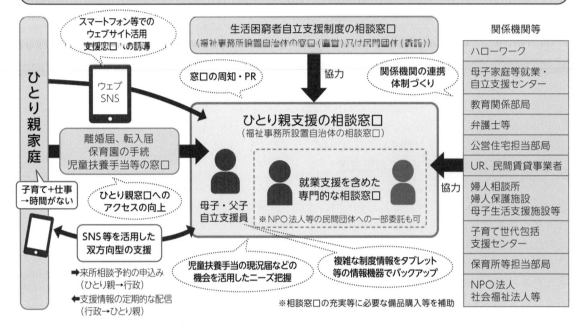

出典：こども家庭庁「ひとり親家庭等の支援について」2023年、21頁
https://www.cfa.go.jp/assets/contents/node/basic_page/field_ref_resources/0a870592-1814-4b21-bf56-16f06080c594/03005900/20230401_policies_hitori-oya_14.pdf (2023年6月28日確認)

プで総合的に支援をつなげていく体制を整えることは重要となります。つまり保育所は、総合的な支援の一つとして、ひとり親家庭の状況に配慮した保育や子育て支援を担うことになります。

　このような場合は、「親子関係や家庭生活等に配慮しながら、様々な機会をとらえ、適切に援助する」（「保育所保育指針」第1章1（3）「保育の方法」カ）を踏まえ、家庭の事情に巻き込まれた子どもの不安や困りごとに着目し、子どもの最善の利益の考慮につながる親子関係の安定を目指した支援が重要となります。

「保育所保育指針」第1章1（3）「保育の方法」
カ　一人一人の保護者の状況やその意向を理解、受容し、それぞれの親子関係や家庭生活等に配慮しながら、様々な機会をとらえ、適切に援助すること。

③ 貧困家庭等の状況に配慮した個別支援

　「子どもの貧困対策の推進に関する法律」（2013年）の成立に基づき策定された「子供の貧困対策に関する大綱」が、2019年に改定されました。その流れのなかで、新基準による相対的貧困率（貧困線に満たない世帯員の割合）は15.7％、子どもの貧困率は14.0％、大人が一人（ひとり親世帯）

図表 8-10　貧困率の年次推移

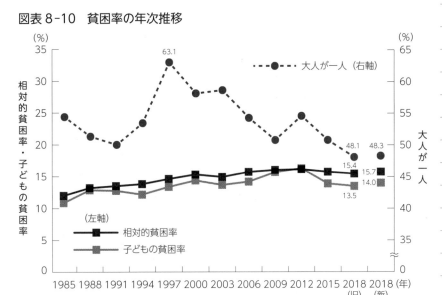

注：1）1994年の数値は、兵庫県を除いたものである。
　　2）2015年の数値は、熊本県を除いたものである。
　　3）2018年の「新基準」は、2015年に改定されたOECDの所得定義の新たな基準で、従来の可処分
　　　　所得から更に「自動車税・軽自動車税・自動車重量税」、「企業年金の掛金」及び「仕送り額」を差し
　　　　引いたものである。
　　4）貧困率は、OECDの作成基準に基づいて算出している。
　　5）大人とは18歳以上の者、子どもとは17歳以下の者をいい、現役世帯とは世帯主が18歳以上65
　　　　歳未満の世帯をいう。
　　6）等価可処分所得金額不詳の世帯員は除く。
出典：厚生労働省「2019年 国民生活基礎調査の概況」2020年をもとに作成
https://www.mhlw.go.jp/toukei/saikin/hw/k-tyosa/k-tyosa19/dl/14.pdf（2023年2月10日確認）

の貧困率は48.3％となっています（図表8-10）。
　その指標の改善に向けた施策のうち教育の支援については、「子どもの
貧困の連鎖を断ち切るために、子どもの現在及び将来を見据えた対策とし
て、必要な環境整備と教育の機会均等を図る子どもの貧困対策は極めて重
要である」（厚生労働省「母子家庭等及び寡婦の生活の安定と向上のための
措置に関する基本的な方針」2020年）と示されています。

図表 8-11　貧困の世代間連鎖

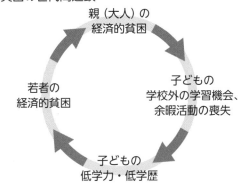

出典：公益社団法人チャンス・フォー・チルドレンホームページ「子どもの貧困と教育格差」
https://cfc.or.jp/problem（2023年2月10日確認）

なぜならば、図表8-11のとおり、「親（大人）の経済的貧困」は、「子どもの学校外の学習機会、余暇活動の喪失」「子どもの低学力・低学歴」という子どもの成長過程に深く影響するからです。その結果、安定した職業に就くことができない状態が、「若者の経済的貧困」、さらには「親（大人）の経済的貧困」という次の世代まで貧困を連鎖させてしまいます。

つまり、子どもに貧困の連鎖が生じるということは、「子どもの貧困対策の推進に関する法律」第1条に規定されている、「子どもの現在及び将来がその生まれ育った環境によって左右されることのないよう、全ての子どもが心身ともに健やかに育成され、及びその教育の機会均等が保障され、子ども一人一人が夢や希望を持つことができるようにする」という子どもの権利が保障されていない状態が露見しているといえるのです。

加藤は、「大人社会をとらえ始めている格差・孤立・貧困問題（ソーシャル・エクスクルージョン）が、直接子どもの養育環境に格差や影響を及ぼし始めている。そのうえ子ども同士の関係は分断され、豊かな子ども社会の成立を妨げると同時に、子どもの社会的孤立（独りぼっち）を促している」（加藤、2008年、114頁）と述べています。

このことから、貧困家庭で暮らす子どもが社会的孤立状態に陥ることがないよう、配慮が必要であるといえます。

そのため保育所では、ほかの子どもや大人（職員やほかの子どもの保護者など）と出会う場をとおして、子どもや大人との関係を構築する力を獲得できるよう、子どもが暮らす家庭の状況を把握しながら、ていねいな支援を継続していくことが重要となります。

プラスワン

ソーシャル・エクスクルージョン
「金銭面や物質面の欠如のみならず人間関係の疎外や欠如など、人々が被る社会全般からの排除」をさす（園田ほか、2008年、187頁）。

おさらいテスト

❶ 子育て支援のポイントは［　　　　　］を考慮することである。
❷ 家庭の状況を踏まえて、子どもと保護者の［　　　　　］に着目する。
❸ 子どもと保護者の［　　　　　］に着目する。

演習課題

考えてみよう

- -

　次の事例を読み、下線部❶❷について、図表 8-4「子どもの障害や医療的ケアが必要である状態を受容するまでの段階」（92頁）に合わせて、グループで考えてみましょう。

事例	子どもの障害を否認する保護者への対応

　3 歳児クラス担任の高木先生は、自由遊びからプログラム活動へ移る際に気持ちを切り替えることが難しいまさとくん（3 歳）のことが気になっていました。ちょうどまさとくんは、昨日 3 歳児健診を受けたばかりです。そこで、高木先生は、お迎えの時に母親の田中さんに、「昨日の 3 歳児健診では、まさとくんの状態はいかがでしたか」と、聞いてみました。
　すると、3 歳児健診の際に、❶保健師より、児童発達支援センターへの相談を勧められたことを受け入れられずにいた田中さんは、❷「先生も、まさとを障害児だと思ってるんでしょう。まさとは、障害児ではありません」と、怒り、泣き出してしまいました。

① ❶と❷から、5 段階のうち、「否認と孤立」の段階にある田中さんの感情や状態について考えましょう。

② 「怒り」「取り引き」「抑うつ」「受容」という各段階での田中さんの感情や状態について考えましょう。

③①②について発表しましょう。

話し合ってみよう

- -

　配慮を必要とする家庭（外国籍家庭、ひとり親家庭、貧困家庭）のうち１つの家庭を選択し、その家庭で暮らす子どもおよび保護者の困りごとと　その困りごとを解決するために保育士はどのように支援したらよいかをグループで話し合ってみましょう。

①選択した配慮を必要とする家庭で暮らす子ども、または保護者の困りごととは何でしょうか。

②子どもまたは保護者が困りごとを解決するために、保育士はどのように支援すればよいでしょうか。

③グループで話し合ったことをクラスで報告しましょう。

演習課題

ロールプレイをしてみよう

ロールプレイをして、ひとり親家庭になった直後の家庭の状況を理解しましょう。

【ロールプレイの進め方】
①３人組になって、母親Ｂ・担任保育士Ｃ・観察者の役割を決める。
②ロールプレイを行う。役割を替えて３回行う。
③３人で、ロールプレイを振り返り共有する。
④ロールプレイの役割をとおしてわかったこと（気づいたこと）を話し合う。

事例　　ひとり親家庭になった直後の家庭の状況

　Ａちゃん（４歳女児）の母親Ｂさんは、最近お迎え時間に遅れることが多くなりました。Ｂさんのお迎えが遅くなったときにはＡちゃんも心配しています。お迎えが遅くなったある日、迎えに来たＢさんにかけよったＡちゃんが「おそかったね」と言ったとたん、Ｂさんは、「お母さんががんばって働かないといけないんだから、遅くなったってしかたないんだよ。生意気なこと言うんじゃないの」と、どなりました。驚いたＡちゃんは泣き出してしまいました。Ｃ保育士が、「どうかされました？　お母さんの帰りが遅くなるとＡちゃんが心配することがあるので、今日もとっても心配してたんですよ」とたずねると、Ｂさんは「私が働かないといけないんで……」と涙をこぼしました。

　Ｂさんは半月くらい前に離婚をしました。そのため、パート収入だけでは暮らしていけないので、正社員になることについて会社と交渉していて遅くなることが多くなりました。

　離婚したことについてはＡちゃんにちゃんと話せていないので、父親が帰ってこなくなったことをＡちゃんが気にしているのもわかっていますが、余裕がなくて受け止めてあげられないでいます。「どうしたらいいんですかね……」と言うＢさんに、Ｃ保育士は「少しお時間があれば、お話をお聞きしますが」と、他児がいなくなった保育室に入るようすすめました。

地域の資源の活用と自治体・関係機関等との連携・協力

子育て家庭を地域全体で支援することが大切です。

1 地域の資源の活用

1 地域資源とは

　地域資源*とは、その地域の自然資源や地域にある特徴的な物や人的資源、歴史的資源などをいいます（図表9-1）。

　自然資源とは、狭い意味では、鉱物資源、生物資源、河川・湖沼などの水を意味しますが、広い意味では、これらに加え、気候、気象、景観、大気、土壌、太陽光などが含まれます。人間が生活し、人間が利用することのできるこれらの自然環境のなかで、人間にとって価値のあるものを自然資源ととらえます。

　地域の人的資源とは、本人、家族、近隣の人、ボランティア、専門職などの地域に存在する人々です。

　歴史的資源には、地域の文化的遺産としての歴史的建造物や町並み、さ

重要語句

地域資源

→地域内に存在する資源であり、地域内の人間活動に利用可能な、有形、無形のあらゆる要素を指す。具体的には地域が有する地形、自然環境、人的資源、伝統文化、その地域を支える市民・住民などの地域の特性（環境省、2015年）。

図表9-1　地域資源

出典：鹿児島県ホームページ「鹿児島の地域資源データベース」http://www.pref.kagoshima.jp/ac11/wellnessdb.html（2023年6月16日確認）

図表 9-2　生態学的システム論

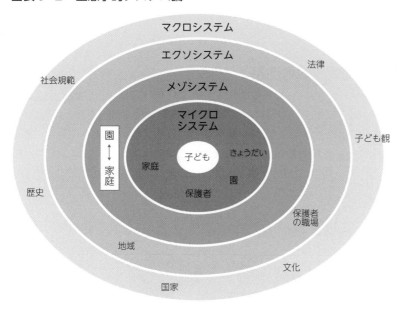

出典：松本峰雄監修『保育の心理学 演習ブック［第 2 版］』ミネルヴァ書房、2021 年、34 頁を一部改変

らには伝承文化などがあるでしょう。また地域にある子育てに役立つ施設も地域資源に含まれます。

　このような子どもを取り巻く環境は子どもにどのような影響を与えるのでしょうか。アメリカ合衆国の発達心理学者である**ブロンフェンブレンナー***は、子どもの発達に影響を及ぼす環境要因には身近な家族だけでなく、異なるレベルの環境要因があると考え、**生態学的システム論***（Ecological systems theory）を提唱しました（図表 9-2）。

　ブロンフェンブレンナーは、子どもを取り巻く環境要因をマイクロシステム、メゾシステム、エクソシステム、マクロシステムの 4 層に分類し、これらの各システムは相互に関係しています。

　マイクロシステムとは、子どもと家庭、子どもと保育所など、直接関わる最小限の環境のことです。たとえば、子どもは親との直接的な関係をとおして、社会的、対人的な影響を受けます。

　メゾシステムとは、複数のマイクロシステム要素間の関係を指します。たとえば、家庭の様子を保育所と共有することで、保育士が日中の保育の際に参考にするなど、家庭と保育所からの影響が相互に関係して子どもに及ぼす影響などが考えられます。

　エクソシステムとは、子どもが直接関わらない環境で起こっていることが間接的に子どもに影響を及ぼすことです。たとえば、きょうだいの学校や保護者の職場などです。保護者が職場で受けたストレスが解消できず、帰宅後にいらいらしながら育児をすることによる子どもへの影響などが考えられます。

　マクロシステムは、文化、国家、社会規範、子ども観など個人に及ぼす

ブロンフェンブレンナー
Bronfenbrenner, U.
1917〜2005 年
旧ソ連出身。アメリカの発達心理学者。

　重要語句

生態学的システム論

→ブロンフェンブレンナーが提唱した理論で、個人と、その個人を取り巻く環境との相互作用を通じて、人間は発達していくという考え方。ブロンフェンブレンナーは、人は環境に影響を与えると同時に、環境から影響を受けながら生活し発達するとし、その環境を入れ子型の 4 つのシステムを使って理論化した。のちに時間の影響を取り入れたクロノシステムを加えた。

9
コマ目

地域の資源の活用と自治体・関係機関等との連携・協力

社会全体の流れや考え方などです。これは、たとえばしつけや生活習慣などの子育ての方法、家族の役割分担、行事をとおした体験などにも影響するでしょう。

2 地域資源の活用

　地域資源の活用は、地域の活性化や人々の暮らしによい影響を及ぼすと考えられます。子育て家庭への影響としては、たとえば、自然資源である近隣の山や川を利用した遊びや観察などの自然体験や、歴史的資源である建造物やそこで行われる伝承体験（子ども神楽体験など）があるでしょう。

　さらには、地域の人的資源を活用した体験（高齢者による昔遊びのイベント、地域の職人によるものづくりの伝承など）もあります。このような地域資源の活用は、地域の子ども同士、子育て家庭の保護者同士が交流するよい機会になります。

3 地域の資源としての保育所

　保育所は、子育て家庭にとって地域の重要な資源の一つとなります。保育所は、子ども同士が触れ合う場、地域の保護者同士が関われる場の提供とともに、保育の専門性を生かした情報提供や子育て支援をとおして地域資源としての役割を果たしています。

　「保育所保育指針」第4章には、地域の保護者に対する子育て支援について記してあります（➡2コマ目参照）。

　地域の人間関係の希薄化などによって、子育て中の親の育児への不安感や負担感の増大や育児をする親の孤立化が指摘されています。特に、保育所などを利用していない乳幼児期の子どもを育てる母親の場合、周囲に相談したり頼ったりできる相手がいないと孤立して、子育てをする可能性が高くなるでしょう。

　子育て中の保護者を対象にした文部科学省の調査によれば、地域で子育てを支えるために重要なことの回答は、「子育てに関する悩みについて気軽に相談できる人や場があること」（51.8%）が最も高い結果となりました（インテージリサーチ、2021年）。

　このような現状に対して、保育所は、地域の資源として子育て支援に寄与することができるでしょう。保育所は、子育て中の保護者にとって、子育てに関する悩みについて気軽に相談できる人や場を提供しています。また保護者は、保育士が行う子どもとの関わり方やしつけの方法を見たり聞

いたりすることをとおして適切な子どもへの関わり方を知り、子ども理解を深める機会にもなっています。

　支援の対象は、保育所を利用する保護者が働いている家庭だけでなく、保育所を利用していない親子に対しても、**体験保育*、一時保育（一時預かり保育）***などを行っています。3 歳未満児の親子が利用する未満児親子教室や、子育て広場としての役割を担っている保育所もあります。

　その他、保育所の敷地内で特別な支援を要する子どもへの児童発達支援事業や卒園児を対象とした学童保育所を運営したり、外部機関と連携した習い事の場を提供することもあります。保育所は、地域の子育て家庭のニーズに応じてさまざまなサービスを提供しています。

　このように地域で子どもを支えるために、子育て中の親子に対して、保育所などを身近な子育て支援の拠点として活用する地域子育て支援拠点事業が実施されています（図表13-5 参照）。

　地域子育て支援拠点事業は、市町村子ども・子育て支援事業計画に沿って実施される事業です（図表13-5 参照）。地域の実情に応じて保育所、児童館など身近な場所で子育て支援が受けられるよう、地域が連携して利用者を支援し、ニーズに応じて年々実施箇所が増加しています（図表 9-3）。

　たとえばA市では、地域に開かれた子育て支援として、保育所を中心に子育て支援センター・児童館と交流をもちながら 3 か所の拠点施設で子育て支援事業を行っています。各施設において、「地域の子育て家庭における不安や負担を軽減、解消できる取り組み」として「一時預かり保育」「園庭開放」「出前保育」「保護者対象講座」「ファミリーサポート事業」の実施や保育所体験を次のように実施しています。

語句説明

体験保育

→保育所などを利用していない子どもと保護者が保育所の生活を体験し、入所児との交流をとおして育児不安の解消や悩みの相談をしたりする。

一時保育（一時預かり保育）

→保育所などを利用していない家庭において、一時的に家庭での保育が困難となった場合に、保育所などで児童を一時的に預かること。

9 コマ目　地域の資源の活用と自治体・関係機関等との連携・協力

プラスワン

地域子育て支援拠点事業の形態

事業内容の形態は一般型と連携型の 2 種類があり、機能や実施場所に違いがある。

図表 9-3　地域子育て支援拠点事業の実施か所数の推移

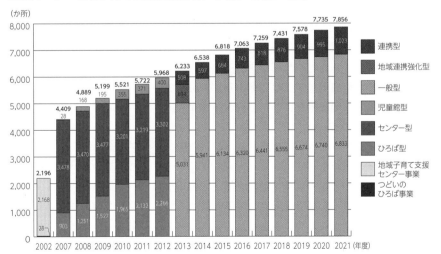

注：1）2002年度は地域子育て支援センター事業・つどいの広場事業実施数。
　　2）2013年度・2014年度に類型の変更を行っている。
　　3）実施か所数は交付決定ベース（2013年度は国庫補助対象分）2021年度は重層的支援体制整備事業の交付決定分も含む。
出典：こども家庭庁「令和 3 年度　地域子育て支援拠点事業実施状況」2021年
https://www.cfa.go.jp/assets/contents/node/basic_page/field_ref_resources/321a8144-83b8-4467-b70e-89aa4a5e6735/1ebd5b1d/20230401_policies_kosodateshien_shien-kyoten_15.pdf（2023年 6 月 28 日確認）

対　　象：親子（3歳未満の乳幼児と保護者）
実施時間：午前9時〜正午
利用定員：各保育所　（人数制限あり）
申込方法：利用日の1週間前までに直接実施保育所へ申し込む
保　険　料：有
日　　的：保育所の子どもとともに、日常の遊びや生活を体験します。また、子育てのなかで心配なことや悩みなどを、保育士や看護師に気軽に相談することで育児不安が解消できるよう、子育て家庭を応援します。

2　自治体・関係機関等との連携・協力

1　自治体・関係諸機関との連携の重要性（意義）

　子育て支援は、保育所利用児の家庭に対しても保育所を利用していない子育て家庭に対しても行われますが、自治体・関連諸機関と連携・協働し、地域において切れ目なく支援することが不可欠です。

　「保育所保育指針」第4章には、関連諸機関との連携・協働について記してあります（➡2コマ目参照）。

　子育て支援のなかで保育所が連携する関係機関は、医療機関、保健センター、子育て支援機関、学校、児童相談所や児童発達支援センターなど多岐にわたります。保育所は、利用児やその家族の状況と支援ニーズを把握し、必要に応じて関連する機関と連携して支援を進めます。

2　地域の関連機関との連携

　子どもと保護者の状況に応じて、保護者に必要な情報や機関を適切に提供、紹介することが大切です。そのためには、地域における子育て支援に関する情報を把握する必要があります。ここでは、乳幼児とその保護者が利用可能な関係機関について解説します。

① 保健センター

　保健センターは、保健師による家庭訪問（乳児家庭全戸訪問事業*）、乳幼児健康診査などを行います。母親の産後うつ*の予防や乳幼児健康診査による障害の早期発見の役割を担っています。

　発達支援が必要な子どもの保護者に対しては、保健師が早期支援に向けた働きかけをします。たとえば、障害の可能性がある場合には、児童発達支援センターや医療機関などの専門機関を紹介し、早期支援につなげます。また、経過観察の場合には、親子発達教室などの健診事後教室を紹介し、集団の遊びをとおした発達支援と療育専門職による相談・支援を行います。この親子教室は、保護者同士の交流の場にもなっています。

重要語句

乳児家庭全戸訪問事業（こんにちは赤ちゃん事業）

→市区町村単位で、保健師や助産師などの専門資格をもつ職員等が、生後4か月までの乳児のいるすべての家庭を訪問する活動である。子育てに関する保護者や家族の不安や悩みを把握し、適切なアドバイスを行っている。

産後うつ

→分娩後に気分の落ち込みや楽しみの喪失、自責感や自己評価の低下などを訴え、多くは産後3か月以内に発症する。罹患率は約10％である。産後数日から2週間程度のうちに出現する精神症状であるマタニティブルーズが、通常は1〜2週間でおさまるのに対し、産後うつの症状は2週間以上持続する。

② 子育て支援の場

地域の児童館、子育てひろば（写真 9-1）などの親子がつどう場もまた、身近な相談窓口の役割を担っています。

これらの機関の職員の多くは、子どもの発達・心理、保育・教育に関する知識や経験があったり、元教師や保育士であったりします。そのため、障害の診断はないけれども、日々の育児の中で気になった子どもの様子や発達のこと、子育ての悩みなど、子どもを安全に遊ばせながら指導員に相談することができるでしょう。職員に話すことですっきりして生き生きとした表情で帰っていく保護者もいれば、職員のすすめにより専門機関に相談する気持ちになって家路につく保護者もいるでしょう。

③ 児童発達支援センター

児童発達支援センターでは、特別な支援が必要な未就学の子どもを対象に、通所による療育・外来療育・相談支援を行っています。ここでは、日常生活に必要な基本的動作を指導し、知識技能を与え、集団生活への適応訓練などを行います。医療的ケア（➡8コマ目参照）が必要な子どもの治療を含む療育は、医療型児童発達支援センターで行います。

また、巡回相談支援*や保育所等訪問支援*も行われています。これらは、保育所、幼稚園、こども園に発達や療育の専門家が訪問する保育コンサルテーション*です。

保育所等訪問支援事業は、児童発達支援センターの職員が保育所等に定

写真 9-1　子育てひろばの活動

写真提供：NPO法人　子育てネットワーク・ピッコロ

プラスワン

医療型児童発達支援センター

2024年4月からは児童発達支援センターの医療型と福祉型が統合される予定。

9コマ目　地域の資源の活用と自治体・関係機関等との連携・協力

重要語句

巡回相談支援

→保育所等に障害の専門知識のある職員が直接訪問し、保育や子どもへの対応について相談助言するサービス全般を指す。その一つに厚生労働省による巡回支援専門員整備事業がある。この事業は、発達障害等の専門知識を有する巡回支援専門員を派遣するもので、利用には保育所等が申請する。

保育所等訪問支援

→児童発達支援センターの職員が保育所等に定期的に訪問し、対象の障害児や保育士に対し、対象児が集団生活に適応できるよう行う専門的な支援である。利用には保護者からの申請が必要である。

重要語句

保育コンサルテーション

→コンサルテーションは、専門性の異なる複数の専門家が援助対象の抱える問題について対等に考え問題解決していくこと。保育コンサルテーションでは、発達臨床等の専門家が、保育士の抱える子どもの問題を保育士とともに考え、保育機能を改善し、間接的に子どもの問題を改善していく。

児童家庭支援センターのショートステイ

→保護者が病気・出産・介護・仕事のための出張などで子どもの面倒をみられないとき、指定の施設で短期間の宿泊をともなう一時預かりを行う事業を指す。

期的に訪問し、対象の障害児や保育士に対し、障害児が集団生活に適応できるよう専門的な支援を行います。利用は、保護者が申請します。巡回支援専門員整備事業は、保育所等のニーズに応じて相談員を派遣し、保育士へ専門的支援を行うものです。利用は、保育所等が申請します。この事業の特徴は、障害児だけではなく、障害の可能性がある子どもも支援の対象となる点にあります。

④ 児童家庭支援センター

児童家庭支援センターは、子どもと家庭に関する総合窓口です。虐待の事実確認や児童相談所への連絡、相談支援、**ショートステイ**＊の提供などを行います。

⑤ 児童相談所

児童相談所は、「児童福祉法」に基づいて設置される行政機関です。18歳未満の子どものあらゆる問題について相談に応じ、援助や指導を行います。

たとえば、障害児や発達に課題のある児童の保護者支援に関する内容については、「保育所保育指針」第4章に記載されています（➡2コマ目参照）。

保育所における障害のある子どもの保育では、保護者と連携して「子どもの育ち」を支えるという視点で、保護者との相互理解を深めることが大切です。支援にあたっては、保育所の特性を生かし、児童発達支援センター等の関係機関と連携・協働し、保護者の状況に配慮した個別の支援を行います。子どもに関わる関係者が情報を共有して、子どもへの一貫した関わりができるように配慮します。

以下は、関連機関との連携の事例です。

> **事例** ┃ **関連機関連携をとおした支援：子どもの行動問題の対応困難**
>
> 4歳児クラスの担任木村保育士は、きりとくんが最近パニックを繰り返し起こすため、対応に困っていました。きりとくんは軽度の知的障害をともなう自閉スペクトラム症があり、週1回児童発達支援センターを利用しています。そこで木村保育士は、児童発達支援センターの担当者に電話で相談したところ、担当者がきりとくんの母親へ話をし、母親は保育所等訪問支援の利用申請をしました。
>
> 後日、児童発達支援センターの担当者が保育所を訪問し、きりとくんの様子を観察したうえでパニックの対応方法を木村保育士へ伝授し、パニックの原因として、きりとくんにとって初めてのことや予定、場所の変更、騒がしい集団場面では気持ちが混乱するとパニックが頻発する傾向があると説明しました。そこで児童発達支援センター担当者と木村保育士、母親とともにきりとくんのパニックの予防について考えました。保育所での予定を事前に家庭で説明する、木村保育士は新しいことや予定変更を事前にきりとくんに絵や写真で伝える、騒がしい場面では落ち着ける場所に座らせるなどの工夫を行うことになりました。その結果、パニックの回数は減少し、木村保育士はきりとくんの母親に様子を伝え、きりとくんの成長を分かち合いました。

おさらいテスト //

❶ 子育て家庭は [　　　　　] で支援する。

❷ 保育所は [　　　　　] 子育て支援を行う。

❸ 子育て支援は、関連機関等と [　　　　　]・[　　　　　] して進める。

//

9 コマ目

地域の資源の活用と自治体・関係機関等との連携・協力

情報収集してみよう

- -

　子育て中の親子、子育てをしている親が利用できる自分の居住地にある地域資源を調べましょう（グループメンバーのうち1名の居住区や実習園の地域など、地域を指定してグループで行ってもよいです）。

①地域資源のリストをあげ、公立・民間別に書きましょう。

②1つの施設または機関をあげ、詳細を書きましょう。

③①②について、グループで発表し合いましょう。

演習課題 ✏

地域資源マップをつくろう

- -

　演習課題「情報収集してみよう」で調べた情報を、子どもまたは保育所を中心にして図に配置しましょう。まず地域の関係機関を調べて地域資源マップをつくり、次に関係機関との連携について考えます。

【マップのつくり方】

　模造紙や黒板、50×60cm程度（A3用紙を2枚つなげた程度）の大きさの用紙などに、各自調べた関係機関を書いた付せんを貼り、マップをつくる（下図を参照）。あるいは、直接ペンなどで関係機関を記してマップを完成させる。

付せんを使用した地域資源マップの例

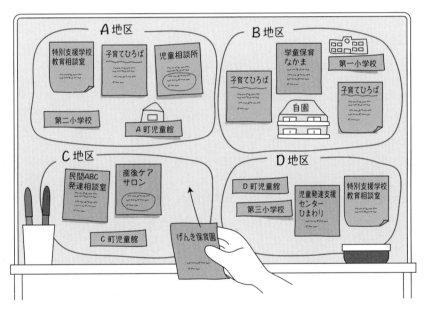

考えてみよう

　ブロンフェンブレンナーの生態学的システム論を参考に、子どもを取り巻く環境要因をマイクロシステム、メゾシステム、エクソシステム、マクロシステムの4層に分類し、各要因がどのように子どもに影響を及ぼすかを記してみましょう。

①図を描きましょう。

②環境要因を記入しましょう。

③各環境要因から子どもに及ぼす影響をプラス面とマイナス面に分類しましょう。

④マイナス面の影響について、子育て支援の視点から何ができるか考えましょう。

演習課題

調べてみよう

- -

自分の住む地域(または近隣地域)の地域子育て支援拠点事業について調べてみましょう。

第**3**章

‖‖

子育て家庭に対する
支援の体制

子ども家庭支援には、保育所だけが携わるわけではありません。さまざまな公的機関や
ボランティアなどが関わります。まずは支援体制のしくみを学び、その背後には
国の子育て支援施策の取り組みの流れがあることを理解することが大切です。
この章でくわしく学んでいきましょう。

10 コマ目

子育て家庭の福祉を図るための社会資源

今日のポイント

1. 社会資源には、フォーマルな社会資源と、インフォーマルな社会資源がある。
2. 市町村の業務として、児童および妊産婦の福祉に関する実情の把握、情報の提供、相談に応じることがあげられる。
3. フードロス削減のため、まだ食べられるのに捨てられてしまう食品を子ども食堂などへ届けるフードバンクの活動がある。

1 社会資源とは

　社会資源とは、「生活上のニーズを満たしたり、福祉的な課題を解決したりするために必要に応じて活用できる人・物・制度・サービスなどのこと。具体的には、①児童福祉司や保育士などの福祉専門職や医療・教育などの他分野の専門職、家族やボランティアなどといった人的資源、②児童相談所などの行政機関や社会福祉施設、建物や設備などといった物的資源、③法律や制度・政策等の制度的資源が挙げられる」（中坪史典・山下文一・松井剛太・伊藤嘉余子・立花直樹編集委員『保育・幼児教育・子ども家庭福祉辞典』ミネルヴァ書房、2021年、458頁）と定義されています。

　子どもや子育て家庭の困りごとを軽減するために必要な社会資源の多くは、「児童福祉法」「子ども・子育て支援法」等の法律に規定された福祉や教育制度に基づくため、利用にあたっては申請手続きをする必要があります。

　このように、法律や制度で定められている社会資源をフォーマルな社会資源といいます。一方、身近にサポートをしてくれる人がいることで困りごとが軽減される場合があります。この場合にサポートしてくれる家族や友人、知人、ボランティアなどやそのサポートをインフォーマルな社会資源といいます。

　つまり、社会資源は、フォーマル（公的）なものと、インフォーマルなものに大別され、フォーマルな社会資源としては、人的資源、物的資源、制度的資源などがあります（図表10-1）。

図表10-1　社会資源の構造

フォーマルな社会資源

物的資源①
市区町村子ども家庭総合支援拠点　子育て世代包括支援センター　保健所・保健センター　婦人相談所　配偶者暴力相談支援センター　家庭裁判所　警察

物的資源②児童福祉施設等
児童養護施設　乳児院　母子生活支援施設　保育所　幼保連携型認定こども園　児童厚生施設　障害児入所施設　児童発達支援センター　児童心理治療施設　児童自立支援施設　児童家庭支援センター

物的資源③地域子ども・子育て支援事業等
利用者支援事業　地域子育て支援拠点事業　乳児家庭全戸訪問事業　子育て短期支援事業　一時預かり事業　小規模保育事業　家庭的保育事業　居宅訪問型保育事業　事業所内保育事業　放課後児童クラブ　病児保育事業　子育て援助活動支援事業　児童自立生活援助事業　小規模住居型児童養育事業

通告
市町村　福祉事務所　児童相談所

人的資源
児童福祉司　主任児童委員　婦人相談員　保育士　社会福祉士　精神保健福祉士　施設職員　教員　医師　保健師　助産師　警察官　弁護士

物的資源④
幼稚園　認定こども園　小学校　中学校

制度的資源
児童手当　児童扶養手当　特別児童扶養手当　障害児福祉手当　生活保護制度　生活困窮者自立支援制度　母子父子寡婦福祉資金貸付金制度

インフォーマルな社会資源
子ども食堂　学習支援　子育てサロン　ホームスタート
家庭・家族
友人　知人　ボランティア

物的資源⑤
病院等医療機関

2　フォーマルな社会資源

　ここでは図表10-1をもとに、物的資源（5つに分類）、人的資源、制度的資源についてみていきます。

1　物的資源1：行政

　最初の物的資源は、行政によるものです。虐待を受けていると思われる子どもを発見したときの通告先として、市町村、児童相談所、福祉事務所があげられます。

　子ども虐待が増加するなか、2004年の「児童福祉法」改正では、住民に身近な市町村が、子ども家庭相談に応じることで虐待を未然に防ぐことができるよう、市町村の業務が明確に規定されました。さらに、2016年の「児童福祉法」改正では、「児童福祉法」の理念を明確化し、家庭養育の原則による市町村および児童相談所の体制の強化について規定されました。

　具体的にいうと、市町村は、「虐待の未然防止・早期発見を中心に積極的な取組み」をすることとし、児童相談所（都道府県）は、「専門的な知識及び技術を必要とする事例への対応や市町村の後方支援を重点化し、（中略）保護者に対する指導に家庭裁判所が関与する仕組みを導入するなど司

法関与の強化を行う」（厚生労働省「児童相談所運営指針」第1章第1節2（1））こととし、役割を明確化することにより、児童家庭相談体制の充実を図ることとされました。

具体的な業務についてみてみましょう。

① 市町村

虐待の未然防止・早期発見を積極的に取り組むために、児童および妊産婦の福祉に関することとして4つの業務が規定されています。①実情の把握に努めること、②情報の提供を行うこと、③相談に応じ、調査・指導ならびに付随する業務を行うこと、④その他必要な支援を行うことです（「児童福祉法」第10条第1項）。また、業務を行うにあたり、市区町村子ども家庭総合支援拠点の整備に努めるよう規定されています（同第10条の2）。

② 児童相談所

設置義務となっている都道府県（「児童福祉法」第12条）、政令で定める指定都市および児童相談所設置市が児童相談所を設置することができます（同第59条の4第1項）。2023年2月1日現在、全国230か所に設置されています。

児童相談所は、子どもの福祉的措置に関する判定機関となります。そのため、子どもおよびその家庭につき、必要な調査ならびに医学的、心理学的、教育学的、社会学的および精神保健上の判定を行います。子どもおよびその保護者の調査または判定に基づいて必要な指導を行い、保護の必要な子どもに対しては、子どもの一時保護を行います。児童相談所には各専門職などが配置されており、要保護児童が発見された場合、市町村との連絡調整、情報の提供その他必要な援助を行うのは、児童福祉司となります。

後方支援については、各市町村の実情の把握に努め、専門的な知識および技術を必要とするものに応じることが求められます。

③ 市区町村子ども家庭総合支援拠点および子育て世代包括支援センター

市区町村子ども家庭総合支援拠点は716か所設置され（2021年4月現在）、子育て世代包括支援センターは2,486か所設置されています（2022年4月現在）。

2022年の「児童福祉法」改正により、「子育て世帯に対する包括的な支援のための体制強化及び事業の拡充」（厚生労働省「児童福祉法の一部を改正する法律案の概要」2022年）のため、市区町村は、市区町村こども家庭総合拠点と子育て包括支援センターを見直し、すべての妊産婦・子育て世帯・子どもの包括的な相談支援等を行うこども家庭センターの設置に努めることになりました。

④ 福祉事務所

住民に身近な福祉の相談機関です。具体的には、「生活保護法」「児童福祉法」「母子及び父子並びに寡婦福祉法」「老人福祉法」「身体障害者福祉法」「知的障害者福祉法」の福祉6法に関する相談業務に対応します。

子どもや子育て家庭に関する相談については、DVにより避難が必要な場合には、婦人相談所、配偶者暴力相談支援センター、母子生活支援施設など、非行や虐待の場合には、児童相談所と連携のうえ支援にあたります。

📝 **プラスワン**

児童相談所設置市

2016年「児童福祉法」改正により、児童相談に関する体制の充実を図ることとして、市町村の業務に政令で定める市は児童相談所を設置できることとすると規定された（「児童福祉法」第59条の4第1項）。

市区町村子ども家庭総合支援拠点および子育て世代包括支援センター

➡ 15コマ目参照

こども家庭センター

「妊娠届から妊産婦支援、子育てや子どもに関する相談を受けて支援をつなぐためのマネジメント（サポートプランの作成）等を担う」（厚生労働省「こども家庭センターの設置とサポートプランの作成」2022年）相談機関である。

2　物的資源 2：児童福祉施設

ここでは「児童福祉法」に規定される施設について、第一種社会福祉事業、第二種社会福祉事業に分けて説明します。

① 第一種社会福祉事業

乳児院、母子生活支援施設、児童養護施設、障害児入所施設、児童心理治療施設、児童自立支援施設が、「社会福祉法」の第一種社会福祉事業に規定されています（第 2 条第 2 項第 2 号）。

母子が一緒に入所することにより母子での生活の自立を支援する母子生活支援施設以外は、虐待、障害、非行、養育環境などにより親と生活することが困難である子どもを保護し、代替養育*により子どもの自立支援や治療、療育することを目的としています。

いずれの施設も、入所児童（母子）や退所後の継続支援、および地域で暮らす子育て家庭への情報提供や相談対応を求められています。

② 第二種社会福祉事業

保育所、幼保連携型認定こども園、児童発達支援センター、児童厚生施設、児童家庭支援センターが、「社会福祉法」の第二種社会福祉事業に規定されています。

児童家庭支援センターについては、2022 年 6 月現在 167 か所ですが、市町村への助言指導や、児童福祉施設と児童相談所との連絡調整を行うなど、児童相談体制における役割は大きいといえます。なお、現在 2 つに分類されている児童発達支援センターについては、2022 年「児童福祉法」改正により、福祉型と医療型に一元化することとしています。詳細は、8 コマ目を参照してください。

保育所については、「保育所保育指針」に次のように規定されています。

第 1 章 1（5）「保育所の社会的責任」
イ　保育所は、地域社会との交流や連携を図り、保護者や地域社会に、当該保育所が行う保育の内容を適切に説明するよう努めなければならない。

「保育所保育指針解説」第 1 章 1（5）「保育所の社会的責任」で、「保護者や地域社会との連携、交流を図り、開かれた運営をすることで、説明が一方的なものではなく、分かりやすく応答的なものとなることが望まれる」と述べられています。つまり、保育所は、子育て支援を担う社会資源としての社会的責任において、連携と情報提供*に努める必要があるのです。

3　物的資源 3：地域子ども・子育て支援事業等

「子ども・子育て支援法」に規定されている地域子ども・子育て支援事業と「児童福祉法」に規定されている 14 事業があります。そのなかから、両法に規定されている事業について説明します。

両法に規定されているのは、子育て短期支援事業、乳児家庭全戸訪問事

プラスワン

第一種社会福祉事業

利用者の保護の必要性が高く、原則、行政や社会福祉法人など安定した経営主体とする入所施設。

第二種社会福祉事業

主に在宅サービス。利用者への影響が小さいため、経営主体の制限はない。

重要語句

代替養育

→親のない子どもまたは親に養育させることが不適当である子どもを入所施設で保護し、親に替わって養育する。

重要語句

情報提供

→「保育所は、当該保育所が主として利用される地域の住民に対してその行う保育に関し情報の提供を行い、並びにその行う保育に支障がない限りにおいて、乳児、幼児等の保育に関する相談に応じ、及び助言を行うよう努めなければならない」（「児童福祉法」第 48 条の 4 第 1 項）。

10 コマ目　子育て家庭の福祉を図るための社会資源

業、養育支援訪問事業、地域子育て支援拠点事業、一時預かり事業、家庭的保育事業、小規模保育事業、居宅訪問型保育事業、事業所内保育事業、病児保育事業、子育て援助活動支援事業の11種類の事業です。

　これらについては、子ども虐待を未然に防ぎ、子どもの権利の実現を図るため、妊娠期から子育て世帯の養育および子ども支援を行う社会資源として強化されてきています。とりわけ、出産後の養育について、出産前において支援を行うことが特に必要と認められる特定妊婦（「児童福祉法」第6条の3第5項）の発見は重要となります。なぜならば、新生児の虐待死亡の割合が高いからです。そのため、妊娠期から、地域子育て支援拠点事業につながるような関わりや乳児家庭全戸訪問事業での支援が必要な状況を把握する力が求められます。また、子育て短期支援事業については、産後ケアにおける母子でのショートステイも必要となります。これらの事業につなげるためには、市区町村子ども家庭総合支援拠点や子育て世代包括支援センター、児童福祉施設との連携が重要となります。

4　物的資源4：教育施設

　教育においては、就学前には認定こども園、幼稚園があります。就学時にあたり、保護者には小学校に就学させる義務および普通教育を受けさせる義務が生じることがあると規定されています（「学校教育法」第16・17条）。そのため、就学前から、子育て支援事業等を通して、就学に向けた視点をもって対応する必要があります。

5　物的資源5：病院

　医療機関としての病院も社会資源の一つです。病院は、緊急搬送された場合を含め、診察の際に虐待が疑われる場合には通告の義務が生じます（「児童虐待の防止等に関する法律」第6条）。

6　人的資源

　これまで述べてきた物的資源1〜4の社会資源に従事する児童福祉司、主任児童委員、婦人相談員、保育士、社会福祉士、精神保健福祉士、施設職員、保健師、助産師、警察官、弁護士等はすべて人的資源となります。なお、これらの人的資源に該当する者は、子どもと保護者への支援をする際、虐待が疑われる場合には早期発見、支援につなげるために通告する義務があります（「児童虐待の防止等に関する法律」第5条第1項、第6条）。

7　制度的資源

　ここでは、児童手当、児童扶養手当、特別児童扶養手当、障害児福祉手当など、制度的資源についてみていきます。

① 児童手当

　家庭等における生活の安定と児童の健やかな成長を支えるために、中学卒業まで、児童を扶養している者に支給されます（「児童手当法」第1条に規定）。

📝プラスワン

認定こども園

認定こども園については、児童福祉施設として位置づけられている幼保連携型認定こども園を含む4つの認定こども園がある。
➡11コマ目参照

📝プラスワン

児童手当

2023年、こども家庭庁が発足し、提示された「こども・子育て政策の強化について（試案）」に、「所得制限を撤廃して、支給期間を高校卒業まで延長するとともに、多子世帯が減少傾向にあることや経済的負担感が多子になるほど強いこと等を踏まえ、手当額についても、諸外国の制度等も参考にしつつ、見直しを行う」ことが明記された（こども政策担当大臣「こども・子育て政策の強化について（試案）」2023年、10頁）。

② 児童扶養手当

生活の安定と児童の福祉の増進を図るため、18歳（障害児は20歳未満）に達する年度末まで、児童を養育するひとり親（母または父）または祖父母等に支給されます（「児童扶養手当法」第1条、第4条に規定）。

③ 特別児童扶養手当・障害児福祉手当

福祉の増進を図るために、精神または身体に重度の障害を有する20歳未満の児童を養育する父母等に、特別児童扶養手当が支給されます（「特別児童扶養手当等の支給に関する法律」に規定）。

重度の障害を有する常時の介護を要する状態にある20歳未満の在宅児童に障害児福祉手当が支給されます（同法第17条）。

④ 生活保護制度

「日本国憲法」第25条に規定する理念に基づき、すべての国民に対し、最低限度の生活を保障し、自立を助長する「生活保護法」に規定された制度です。

具体的には、不安定な雇用環境のため安定した収入が得られない、または就業できない（病気・障害・失職）ことで生活が困窮状態に陥った者が、福祉事務所に行って相談・申請をすることにより、8つの種類の扶助を受けることができます。なお、保護の原理として、すべての国民が無差別平等に受けることができること、最低生活水準を維持できることを保障すること、自らの資産能力を活用しつくした後に受けることができること（保護の補足性）が規定されています。

⑤ 生活困窮者自立支援制度

生活保護制度の前段階で生活を立て直せることができるよう、自立の支援に関する措置を講ずることにより、生活困窮者の自立を促進する「生活困窮者自立支援法」に規定された制度です。

支援内容は、自立相談支援事業、住居確保給付金の支給、就労準備支援事業、家計改善支援事業、就労訓練事業、生活困窮世帯の子どもの学習・生活支援となっています。

⑥ 母子父子寡婦福祉資金貸付金制度

母子家庭等および寡婦の福祉に関する原理を明らかにするとともに、母子家庭等および寡婦に対し、「その生活の安定と向上のために必要な措置を講じ、もつて母子家庭等及び寡婦の福祉を図ることを目的とする」（「母子及び父子並びに寡婦福祉法」第1条）と規定されています。対象者と種類は次のとおりです。

対象者：母子家庭の母、父子家庭の父、寡婦*
種類：事業開始資金、事業継続資金、修学資金、技能習得資金、修業資金、就職支度資金、医療介護資金、生活資金、住宅資金、転宅資金、就学支度資金、結婚資金

重要語句

寡婦

→配偶者のない女子であって、かつて、ひとり親として、児童を扶養していたことがある女子。

10
コマ目

子育て家庭の福祉を図るための社会資源

3 インフォーマルな社会資源

インフォーマルな社会資源には、家族、友人、知人、ボランティア、子ども食堂、学習支援、子育てサロン、ホームスタートなどがありますが、ここでは、家族、居場所、子育てサロン、ホームスタートを取り上げます。

1 家族

核家族化により家族構成員が減少するなか、家族による不適切な養育行為も増えてきています。家族構成員が少ないと、親の不適切行為から子どもを護る大人がいないかあるいは限られてしまい、その結果、子どもに対する不適切行為が恒常的に繰り返されることが続き、深刻な状態へと陥ることも否めません。

そこで、家族が、子どもにとってのインフォーマルな社会資源の「人」として力を発揮できるよう、養育主体者である親を支援することは重要です。そのためには、不適切な養育を引き起こす要因の一つである親子関係に着目し、双方向のコミュニケーションがとれるよう、親子関係に関わることが求められます。つまり、家族がインフォーマルな社会資源としてともに支え合い、機能するためには、親子関係に関与できる保育士の存在は大きいといえます。

2 子どもの居場所

ひとり親家庭の貧困率は48.3％（厚生労働省「2019年 国民生活基礎調査の概況」2020年）となり、約5割のひとり親家庭は貧困状態にあります。

そのため、子どもへの貧困の連鎖を防止する観点から、ひとり親家庭の子どもに対し、「児童館・公民館や民家等において悩み相談を行いつつ、基本的な生活習慣の習得支援・学習支援、食事の提供等を行うことにより、ひとり親家庭の子どもの生活の向上を図る」（厚生労働省「子どもの生活・学習支援事業（居場所づくり）」2018年）という居場所支援事業が進められています（図表10-2）。

つまり、親が一人である子どもの支援には、基本的な生活習慣と学習支援はもとより、食事の提供という子どもにとっての居場所機能が求められているのです。その居場所には、インフォーマルな社会資源となる「人」であるボランティアの存在は大きく、教員OBや大学生との交流による進学相談や悩み相談ができるようになれば、親以外の大人による支えにより、将来への希望がもてるようになります。

食事の提供については、居場所の連続性からみると、学習支援や遊びの場から子ども食堂に移行できるようにすれば、子どもにとっては支援内容によって場が変わるよりよいと思われ、ボランティアなどのスタッフも連続した流れに連動することで、スタッフとの関係構築が進められます。

なお、食品ロス削減対策として、まだ食べられるのに捨てられてしまう

子どもの学習・生活支援とは、インフォーマルな社会資源の子どもの居場所で取り上げた学習支援と同様のものです。

プラスワン

食品ロス、フードバンク

「食品企業の製造工程で発生する規格外品などを引き取り、福祉施設等へ無料で提供する『フードバンク』と呼ばれる団体・活動があります。まだ食べられるにもかかわらず廃棄されてしまう食品（いわゆる食品ロス）を削減するため、こうした取り組みを有効に活用していくことも必要と考えています」（農林水産省ホームページ「フードバンク」）。

図表10-2　子どもの生活・学習支援事業（居場所づくり）

出典：厚生労働省「子ども食堂の活動に関する連携・協力の推進及び子ども食堂の運営上留意すべき事項の周知について（通知）」、別添2「子どもの生活・学習支援事業（居場所づくり）」2018年
https://www.mhlw.go.jp/content/000308058.pdf（2023年1月6日確認）

図表10-3　フードバンクと子ども食堂

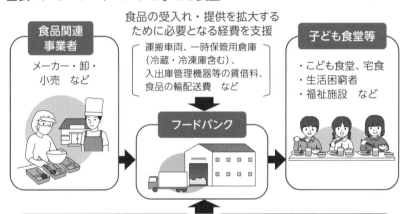

出典：農林水産省「食品ロス削減及びフードバンク支援緊急対策事業」2022年
https://www.maff.go.jp/j/shokusan/recycle/syoku_loss/foodbank.html（2022年12月27日確認）

食品を食品関連事業者からフードバンクを経由して子ども食堂等へ運搬する経費や、フードバンク活動強化に向けた専門家派遣ネットワーク強化を支援することが、農林水産省から提示されています（図表10-3）。

3　子育てサロン

核家族化や地域との関わりが減少するなかで、身近に子育てをサポート

してくれる家族や友人、知人が少なくなってきています。妊娠、出産、子育て期にいたる前までの人とのつながりの多寡は、それまでの人との関わり状況により異なります。そのため、困ったときに助け合える関係が構築できている人は、その関係、すなわちインフォーマルな社会資源である「人」を活用できますが、活用できる「人」がいない場合は困った状況のまま孤立していくこともあります。つまり、後者を早期に発見し、フォーマルな社会資源につながることができるよう、支えることは重要となります。

　子育て期を孤立せず乗り切るためには、子育ての大変さや楽しさを共有できる仲間、すなわち、インフォーマルな社会資源となる「人」を獲得するチャンスの有無は重要となります。その一つの方法として「支え合いの子育て」の仕組みづくりにつながる「**子育てサロン**＊」があります。この「子育てサロン」へ参加することにより、同時期に子育てをスタートした新人ママや子育ての先輩ママとの出会いを通して、子育ての悩みや楽しさを共有できるという支え合い活動から仲間づくりへ発展することができれば、孤立状態からの脱却となります。

4　ホームスタート

　ホームスタートとは、6歳未満の子どもがいる家庭を訪問し、「『傾聴』（親の気持ちを受け止めて話を聴くこと）と『協働』（親と一緒に家事や育児、外出などをすること）をする新しい家庭訪問型子育て支援ボランティア活動」（特定非営利活動法人ホームスタート・ジャパン「家庭訪問型子育て支援・ホームスタート（パンフレット）」）です。研修を受けたホームビジター（ボランティア）の**訪問型による寄り添う支援**（図表10-4）が親を支え、子育ての孤立や虐待防止につながります。

図表10-4　ホームスタートの支援体制

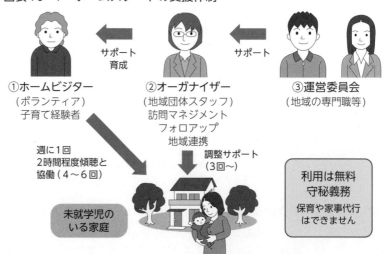

住民との協働と安心安全な活動のためのバックアップ体制

出典：特定非営利活動法人ホームスタート・ジャパン「家庭訪問型子育て支援・ホームスタート（パンフレット）」
https://www.homestartjapan.org/_wp/wp-content/uploads/2019/HS-pamphlet.pdf（2023年2月13日確認）

✏ **重要語句**

子育てサロン

→「同じライフステージにある人同士が集い、交流することで、情報の交換や悩みの解決、そして預かり合い、支え合う関係を作るわけです。こうした活動により育児不安による幼児虐待の予防や育児のストレッサー（ストレスの原因）の除去、知識不足による不適切な養育など生活問題の発生の予防に高い効果を発揮しています」（東京都社会福祉協議会「ふれあい子育てサロン支援ハンドブック」2002年、1頁）と記述されているように、子育て当事者の交流の場となる子育てサロンを、社会福祉協議会、ボランティア等が運営している。

💬 **プラスワン**

訪問型による寄り添う支援

「生活空間をはじめ問題が生じている現場に支援者が直接出向いて相談に応じ、サービスを提供する」アウトリーチと同じ方法（中坪ほか、2021年、586頁）。

お さ ら い テ ス ト //

❶ 社会資源には、[　　　　　]な社会資源と、[　　　　　]な社会資源が
ある。

❷ 市町村の業務として、児童および妊産婦の福祉に関する[　　　　]の把
握、[　　　　]の提供、[　　　　]に応じることがあげられる。

❸ [　　　　]削減のため、まだ食べられるのに捨てられてしまう食品を
子ども食堂などへ届ける[　　　　]の活動がある。

//

10
コマ目

子育て家庭の福祉を図るための社会資源

あなたが利用した社会資源

あなたが生まれてから、現在までに利用した社会資源を書いてみましょう。

①中央の線の○の数字は年齢です。フォーマルな社会資源、インフォーマルな社会資源を
それぞれ書きましょう。

フォーマルな社会資源

| 年齢 | 0 | 7 | 13 | 16 | 18 | 現在 |

インフォーマルな社会資源

②あなたと社会資源とのつながりについて感じたことを書きましょう。

演習課題

あなたのまちの社会資源

- -

　あなたが、現在の居住地あるいは実家のある地方自治体において子育てをするとします。子育てをするにあたり、子どもの成長（小学校まで）に合わせて利用したい社会資源について、地方自治体のホームページなどを調べて具体的な名称を書いてみましょう。

1.　中央の線の○の数字は子どもの年齢です。フォーマルな社会資源、インフォーマルな社会資源をそれぞれ書きましょう。

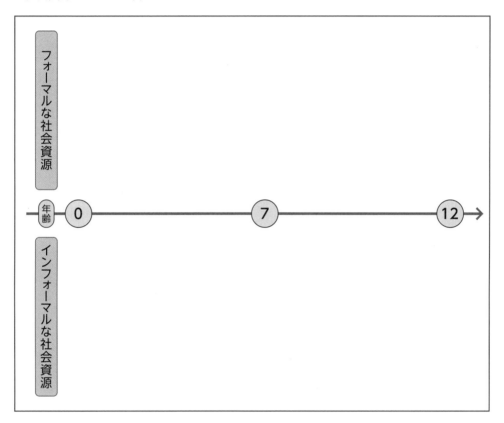

2.　1をもとにして、グループで次の①②について話し合ってみましょう。
①利用したい社会資源

②利用しやすい、または利用しにくいなど、利用者の立場から社会資源についてどう感じたでしょうか。

子育て支援施策・次世代育成支援施策の推進

1. 「少子化社会対策基本法」では、少子化社会対策大綱を定めることを規定している。
2. 幼保連携型認定こども園は、学校および児童福祉施設に位置づけられている。
3. 小規模保育、家庭的保育、居宅訪問型保育、事業所内保育は、地域型保育給付に該当する。

1 子育て支援施策の流れ

核家族化や地域とのつながりが薄れるなか、1990年以降、少子化や子ども虐待が社会問題として出現して以来、子どもを取り巻く子育て環境で不安や孤立を感じる家庭も少なくありません。そこで、社会問題としての少子化や子ども虐待の出現を防止するため、子どもや子育て家庭に対する制度や施策はどのように展開されてきたのでしょうか。少子化対策の「これまでの取り組み」（➡図表2-1参照）をもとに、取り組みの流れをみていきましょう。

1 エンゼルプランと新エンゼルプラン

1990年の「1.57ショック」により、子どもの数が減少傾向にあることを問題としてとらえ、子どもを生み育てやすい環境づくりを目指して、1994年「エンゼルプラン」と「緊急保育対策等5か年事業」（1995～1999年度）が策定されました。また、1999年に策定された「新エンゼルプラン」（2000～2004年度）では、保育サービスなどの子育て支援サービスの充実等、重点的に取り組む8つの目標が掲げられました。

2 「少子化社会対策基本法」と「次世代育成支援対策推進法」
①少子化社会対策基本法（2003年）

少子化に対処するための施策を総合的に推進するため、国の責務（少子化施策を総合的に策定し実施する）、地方公共団体の責務（地域の状況に応じた施策を策定し実施する）、事業主の努力義務（必要な雇用環境を調整する）を定め、施策の指針として「少子化社会対策大綱」を定めることを規定しました。

プラスワン

1.57ショック

1.57ショックとは、前年（1989年）の合計特殊出生率が1.57と、「ひのえうま」により最低であった1966年の合計特殊出生率1.58を下回ったことが判明したときの衝撃を指している。

②次世代育成支援対策推進法（2003 年）

　次代の社会を担う子どもが健やかに生まれ育成される社会の形成に資するために、国および地方公共団体は、**次世代育成支援対策** * を総合的かつ効果的に推進し、事業主は労働者の職業生活と家庭生活の両立が図られるよう次世代育成支援対策を実施することを定めました。

3　子ども・子育てビジョン

　「少子化社会対策基本法」に定めた「少子化社会対策大綱（1 回目）」（2004 年）により策定された「子ども・子育て応援プラン」（2005 〜 2009 年）の満了にともない、「子ども・子育てビジョン」（2010 〜 2014 年度）が策定されました。基本理念としては、①子どもが主人公（チルドレン・ファースト）、②少子化対策から子ども・子育て支援へ、③生活と仕事と子育ての調和（ワーク・ライフ・バランス）が掲げられました。

4　少子化社会対策大綱

　結婚や子どもについての希望を実現できる社会をつくることを目標に、結婚、妊娠、出産、子育ての各段階に応じた切れ目のない取り組みをすることを定めた「少子化社会対策大綱（3 回目）」（2015 年）が策定されました。

　しかし、5 年間の取り組みのあとも少子化が続いたことから、①結婚・子育て世代が将来にわたる展望を描ける環境をつくる、②多様化する子育て家庭のさまざまなニーズに応える、③地域の実情に応じたきめ細かな取り組みを進める、④結婚、妊娠・出産、子ども・子育てに温かい社会をつくる、⑤科学技術の成果など、新たなリソースを積極的に活用することを定めた「少子化社会対策大綱（4 回目）」（2020 年）が策定されました。

5　子育て安心プランと新子育て安心プラン

　3 年間で約 32 万人分の保育の受け皿を整備することを目標とした「子育て安心プラン」（2017 年）から、4 年間で約 14 万人を目標とする「新子育て安心プラン」（2020 年）が策定されました。

6　働き方改革を推進するための関係法律の整備に関する法律

　2016 年の「ニッポン一億総活躍プラン」により、①希望出生率 1.8 の実現、②介護離職率ゼロという 2 つの目標達成に向けた「働き方改革」の方向性が提示されました。

　2018 年に「働き方改革を推進するための関係法律の整備に関する法律」が成立し、「労働者がそれぞれの事情に応じた多様な働き方を選択できる社会を実現する働き方改革を総合的に推進するため、長時間労働の是正、多様で柔軟な働き方の実現、雇用形態にかかわらない公正な待遇の確保等のための措置を講ずる」（厚生労働省「働き方改革を推進するための関係法律の整備に関する法律の概要」2018 年）ことが、規定されました。

✏️ 重要語句

次世代育成支援対策

→「次代の社会を担う子どもを育成し、又は育成しようとする家庭に対する支援その他の次代の社会を担う子どもが健やかに生まれ、かつ、育成される環境の整備のための国若しくは地方公共団体が講ずる施策又は事業主が行う雇用環境の整備その他の取組をいう」（「次世代育成支援対策推進法」第 2 条）。

💬 プラスワン

職業生活と家庭生活の両立

「子ども・子育て支援法」（第 59 条の 2）では、政府は仕事・子育て両立支援事業として、認可外保育施設の届出（児童福祉法第 59 条の 2 第 1 項）に規定する事業所内保育（同第 6 条の 3 第 12 項）を目的とする事業主が雇用する保育を行う業務に係る設置者に対し、助成及び援助を行う事業を行うことができるとされている。

ワーク・ライフ・バランス

➡ 8 コマ目参照

11 コマ目　子育て支援施策・次世代育成支援施策の推進

2023年度に、こども家庭庁を創設し、強い司令塔等として、①こどもの視点、子育て事業者の視点に立った政策立案、②全てのこどもの健やかな成長、well-beingの向上、③誰一人取り残さず、抜け落ちることのない支援、④こどもや家庭が抱える様々な複合する課題に対し、制度や組織による縦割りの壁、年齢の壁を克服した切れ目ない包括的な支援、⑤必要なこども・家庭に支援が確実に届くようプッシュ型支援のアウトリーチ型支援に転換、⑥データ・統計を活用したエビデンスに基づく政策立案、PDCAサイクル（評価・改善）を基本理念とした、こどもまんなか社会を目指す方針が提示されました。

こども家庭庁の設置にあたって、内閣府子ども・子育て本部、厚生労働省子ども家庭局は廃止されます。

2 子ども・子育て支援新制度の概要

ここでは、前節「子育て支援の流れ」を踏まえ、2コマ目の図表2-1（16～17頁）の法律が成立する2012年と、子ども・子育て支援が本格施行する2015年に着目しながら、子ども・子育て支援新制度について考えてみることにします。

1 子ども・子育て支援新制度の成立

子育て支援施策が展開されるなか、少子化および子ども虐待をくい止めることが難しい状況が続いています。なぜなら、保育所等や職場の事情により、仕事と子育てを両立できる環境が十分に整わないことで、子どもを生み育てるという希望をかなえられない人もいるからです。また、質の高い保育と教育を合わせたニーズに応えられないことが課題になっていました。

そこで、2012年、「子ども・子育て支援法」など子ども・子育て関連3法が成立し、「保護者が子育てについての第一義的責任を有するという基本的認識の下に、幼児期の学校教育、保育、地域の子ども・子育て支援を総合的に推進」することが進められることになりました。

子ども・子育て支援新制度の主のポイントには、①認定こども園、幼稚園、保育所を通じた共通の給付（「施設型給付」）および小規模保育等への給付（「地域型保育給付」）の創設、②認定こども園制度の改善（幼保連携型認定こども園の改善等）、③地域の実情に応じた子ども・子育て支援（地域子ども・子育て支援）の充実の3点があげられています。

子ども・子育て関連3法に基づく子ども・子育て支援新制度は、社会保障・税一体改革の一項目として、消費税率の引き上げによる財源の一部を得て実施される（内閣府『平成26年版 少子化社会対策白書』2014年）子ども・子育て支援新制度は、2015年4月に施行されました。なお、2023

プラスワン

こどもまんなか社会

「常にこどもの最善の利益を第一に考え、こどもに関する取組・政策を我が国社会の真ん中に据えて（「こどもまんなか社会」）、こどもの視点で、こどもを取り巻くあらゆる環境を視野に入れ、こどもの権利を保障し、こどもを誰一人取り残さず、健やかな成長を社会全体で後押し」する社会をいう（厚生労働省、2022年）。

プラスワン

子ども・子育て関連3法

「子ども・子育て支援法」「就学前の子どもに関する教育、保育等の総合的な提供の推進に関する法律の一部を改正する法律」「子ども・子育て支援法及び就学前の子どもに関する教育、保育等の総合的な提供の推進に関する法律の一部を改正する法律の施行に伴う関係法律の整備等に関する法律」をいう。

年 4 月 1 日よりこども家庭庁に移管されています。

2　子ども・子育て支援新制度の主なポイント

　子ども・子育て支援新制度の主なポイント 3 点から、子ども・子育て支援新制度について、みてみましょう。

① 認定こども園、幼稚園、保育所を通じた共通の給付（「施設型給付」）の創設

　「子ども・子育て支援新制度ハンドブック 施設・事業者向け」（内閣府、2015年）には、「新制度では、『施設型給付』及び『地域型保育給付』を創設し、この 2 つの給付制度に基づいて、従来バラバラに行われていた認定こども園、幼稚園、保育所及び小規模保育等に対する財政支援の仕組みを共通化しています」と記載されています。

　図表11-1 をみると、施設型給付とは、認定こども園（4 類型）、幼稚園（教育・保育施設として確認を受けている）、保育所（公立）を対象とする財政支援であり、地域型保育給付とは、新たに市町村の認可事業となる小

図表11-1　施設型給付と地域型保育給付

出典：こども家庭庁「子ども・子育て支援制度の概要」2023年を一部改変
https://www.cfa.go.jp/assets/contents/node/basic_page/field_ref_resources/3a1576c7-071d-4325-8be8-edced6d12ee1/f963da27/policies-kodomo-kosodate-seido.pdf（2023年 6 月27日確認）

図表11-2　幼保連携型認定こども園とその他の認定こども園の比較

	幼保連携型認定こども園	幼稚園型認定こども園	保育所型認定こども園	地方裁量型認定こども園
法的性格	学校および児童福祉施設	学校（幼稚園＋保育所機能）	児童福祉施設（保育所＋幼稚園機能）	幼稚園機能＋保育所機能
職員の性格	保育教諭（注1）（幼稚園教諭＋保育士資格）	満3歳以上→両免許・資格の併有が望ましいがいずれかでも可 満3歳未満→保育士資格が必要	満3歳以上→両免許・資格の併有が望ましいがいずれかでも可 満3歳未満→保育士資格が必要 ※ただし、2・3号子どもに対する保育に従事する場合は、保育士資格が必要	満3歳以上→両免許・資格の併有が望ましいがいずれかでも可 満3歳未満→保育士資格が必要
給食の提供	2・3号子どもに対する食事の提供義務 自園調理が原則・調理室の設置義務（満3歳以上は、外部搬入可）	2・3号子どもに対する食事の提供義務 自園調理が原則・調理室の設置義務（満3歳以上は、外部搬入可） ※ただし、基準は参酌基準のため、各都道府県の条例等により、異なる場合がある。	2・3号子どもに対する食事の提供義務 自園調理が原則・調理室の設置義務（満3歳以上は、外部搬入可）	2・3号子どもに対する食事の提供義務 自園調理が原則・調理室の設置義務（満3歳以上は、外部搬入可） ※ただし、基準は参酌基準のため、各都道府県の条例等により、異なる場合がある。
開園日・開園時間	11時間開園、土曜日も開園が原則（弾力運用可）	地域の実情に応じて設定	11時間開園、土曜日も開園が原則（弾力運用可）	地域の実情に応じて設定

注：1）一定の経過措置あり。
　　2）施設整備費について。
・安心こども基金により対象となっていた各類型の施設整備に係る費用については、新制度施行後においても引き続き、認定こども園施設整備交付金や保育所等整備交付金等により、補助の対象となります。
・1号認定子どもに係る費用については公定価格上減価償却に係る費用が算定されています。また2・3号認定子どもに係る費用については、施設整備費補助を受けずに整備した施設について同加算が受けられます。
出典：内閣府「子ども・子育て支援新制度について」2022年、33頁
https://www.8.cao.go.jp/shoushi/shinseido/outline/pdf/setsumei.pdf（2023年6月27日確認）

プラスワン

教育・保育施設

「認定こども園法」（「就学前の子どもに関する教育、保育等の総合的な提供の推進に関する法律」）第2条第6項に規定する幼保連携型認定こども園、学校教育法第1条に規定する幼稚園、児童福祉法第39条第1項規定する保育所をいう。

規模保育、家庭的保育、居宅訪問型保育、事業所内保育の4つを対象とした財政支援となります。

　なお、施設型給付の対象となる**教育・保育施設**としての確認を受けない旨申出を行った私立幼稚園に対しては、私学助成および就園奨励費補助を継続しています。また、私立保育所については、「児童福祉法」第24条により、市町村が保育の実施義務を担うことに基づく措置として、委託費を支弁しています。

② 認定こども園制度の改善（幼保連携型認定こども園の改善等）

　保護者の職業の有無にかかわらず、教育と保育を一体的に行い、地域における子育て支援を行うことができる認定こども園には4つの種類があります（図表11-2）。

　「認定こども園法」の改正により、学校および児童福祉施設としての位置づけをもつ単一の施設として、幼保連携型認定こども園が創設されました。さらに、学校または保育所の位置づけとして、幼稚園型認定こども園、保

育所型認定こども園、地方裁量型認定こども園があります。また、資格については、幼保連携型認定こども園は、幼稚園教諭と保育士資格の併有された保育教諭とし、ほかは、満 3 歳以上は併有が望ましいですがいずれかでよく、3 歳未満は保育士資格が必要とされています。

③ 地域の実情に応じた子ども・子育て支援の充実

「市町村は、（中略）第 61 条第 1 項に規定する**市町村子ども・子育て支援事業計画**＊に従って、地域子ども・子育て支援事業を行うものとする」（子ども・子育て支援法第 59 条第 1 項）とされています。

地域子ども・子育て支援事業は、図表 11-3 に記したとおり、「子ども・子育て支援法」と「児童福祉法」第 6 条の 3 に規定されている 8 事業と、「子ども・子育て支援法」に規定されている 5 事業の 13 事業となります。市町村には、すべての子育て家庭が利用できるよう、整備し充実することが求められています。詳細については、13 コマ目を確認してください。

図表11-3　地域子ども・子育て支援事業

子ども・子育て支援法／児童福祉法	子ども・子育て支援法
・地域子育て支援拠点事業 ・乳児家庭全戸訪問事業 ・養育支援訪問事業その他要保護事業等に対する支援に資する事業 ・放課後児童健全育成事業 ・子育て短期支援事業（ショートステイ・トワイライトステイ） ・一時預かり事業 ・病児保育事業 ・子育て援助活動支援事業	・利用者支援事業 ・妊婦健康診査 ・延長保育事業 ・実費徴収に係る補足給付を行う事業 ・多様な事業者の参入促進・能力活用事業

おさらいテスト

❶ 「少子化社会対策基本法」では、[　　　　　　] を定めることを規定している。

❷ 幼保連携型認定こども園は、学校および [　　　　　　] に位置づけられている。

❸ 小規模保育、家庭的保育、居宅訪問型保育、事業所内保育は、[　　　　　　] に該当する。

重要語句

市町村子ども・子育て支援事業計画

→「市町村は、基本指針に即して、5 年を 1 期とする教育・保育及び地域子ども・子育て支援事業の提供体制の確保その他この法律に基づく業務の円滑な実施に関する計画（中略）を定めるものとする」（「子ども・子育て支援法」第 61 条第 1 項）。

幼保連携型認定こども園とほかの認定こども園の違いは、法的位置づけと職員の資格・免許要件によるものです。保護者が職業をもっている場合には、家庭の保育ニーズにどれだけ合致しているかが選択の目安の一つになります。

11 コマ目　子育て支援施策・次世代育成支援施策の推進

演習課題

考え、話し合ってみよう

- -

1. あなたが将来子育てをするとしたら、仕事と子育てを両立させたいのか、子育てを中心とした生活をしたいのかについて、❶〜❸を選択しながら、子ども・子育て支援新制度の利用について考えてみましょう。

2. 近くの人と、選択したことについて理由も含めて話し合ってみましょう。

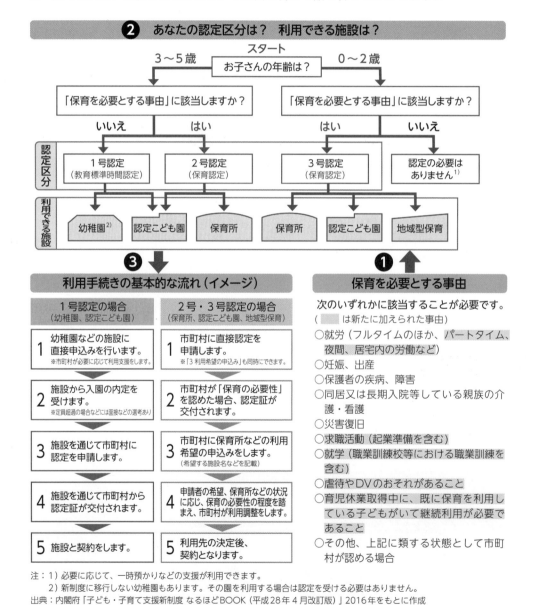

注：1）必要に応じて、一時預かりなどの支援が利用できます。
　　2）新制度に移行しない幼稚園もあります。その園を利用する場合は認定を受ける必要はありません。

出典：内閣府「子ども・子育て支援新制度 なるほどBOOK（平成28年4月改訂版）」2016年をもとに作成
https://www.8.cao.go.jp/shoushi/shinseido/event/publicity/pdf/naruhodo_book_2804/a4_print.pdf（2023年3月1日確認）

演習課題

ロールプレイをしてみよう

下の図表を参考にロールプレイをしてみましょう。

---

① 3 人組をつくり役割を決める

　2 歳の男児（けんたくん）を育てている専業主婦の母（和美さん）、地域子育て支援拠点事業に併設している利用者支援事業の利用者支援専門員（田中さん）、観察者

② ロールプレイの実施：3 人で交替し、5 分 × 3 回行う

　場面：初めて地域子育て支援拠点事業に子どもを連れてきた和美さん。子どもへの関わりが少なかったことが気になった田中さんが声をかけたところ、和美さんから下図の 5 つの子育てに関する悩みや困りごとのうちの一つについて相談がありました。そこで、子どもをほかのスタッフにみてもらい、田中さんは和美さんの話を聴くことにしました。

③ 振り返りとして、役割をとおした気づきを共有する

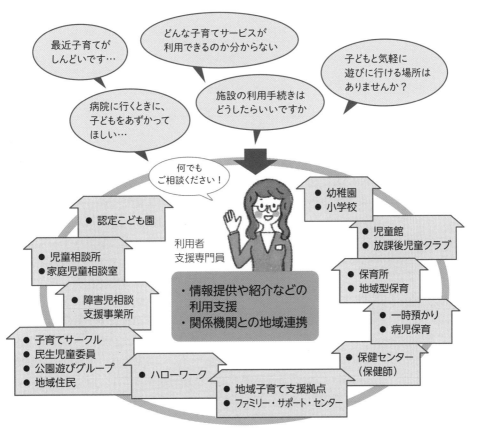

出典：内閣府・文部科学省・厚生労働省「子ども・子育て支援新制度 なるほどBOOK（平成 28 年 4 月改訂版）」2016 年
https://www8.cao.go.jp/shoushi/shinseido/event/publicity/pdf/naruhodo_book_2804/w_print.pdf（2023 年 3 月 1 日確認）

11 コマ目　子育て支援施策・次世代育成支援施策の推進

第4章

多様な支援の展開

子育て支援のなかには、保育所等を利用している家庭への支援と、
保育所等を利用していない地域の家庭への支援があります。
それぞれの支援の内容について理解しましょう。また、保育士は、
虐待や不適切な養育などで家庭での養育が難しい子ども（要保護児童）を
発見した場合の対応についても知っておく必要があります。
この章でくわしく学んでいきましょう。

保育所等を利用する
子どもの家庭への支援

1 子ども家庭支援からみる保育所等の役割

1 保育所等を利用する子どもの支援

① 保育所等の利用状況

　ここでいう保育所等とは、保育を必要とする就学前の子どもを対象とした保育施設のことを指し、主に保育所・認定こども園をいいます。図表12-1をみると、保育所等を利用する家庭は年々増加し、1・2歳児においては半数以上の家庭が保育所等を利用しています。就学前の子ども全体においても保育所等の利用が約半数となっていて、子どもが低年齢のころから保育所等を利用していることがわかります。

図表12-1　保育所等待機児童数および保育所等利用率の推移

出典：厚生労働省「保育所等関連状況取りまとめ（令和4年4月1日）」2022年を一部改変
https://www.mhlw.go.jp/content/11922000/000979606.pdf（2022年10月11日確認）

図表12-2　年齢区分別の利用児童数・待機児童数

	利用児童数	待機児童数
3歳未満児（0～2歳）	1,100,925人　（40.3%）	2,576人　（87.5%）
うち0歳児	144,835人　（5.3%）	304人　（10.3%）
うち1・2歳児	956,090人　（35.0%）	2,272人　（77.2%）
3歳以上児	1,628,974人　（59.7%）	368人　（12.5%）
全年齢児計	2,729,899人（100.0%）	2,944人（100.0%）

出典：図表12-1と同じ

　これまで、日本においては、**待機児童***の問題が長年にわたって解消されずにさまざまな政策を実施してきました。しかし、2015年に、子ども・子育て支援新制度が施行され、地域型保育事業など、保育を必要とする子どもの受け皿を拡大していったことや、さらに少子化が進んでいる状況から、現在は減少傾向にあり、自治体によっては待機ゼロを達成しています。

　図表12-2のとおり、待機児童の多くは0～2歳児であり、そのなかでも1・2歳児が8割近くを占めています。つまり、低年齢から利用できる保育施設を利用しながら、保護者が安心して子育てできる環境を整える必要性があり、そのなかで必要な支援が何かを把握しながら支援を行うことが求められています。

② 保育所等を利用する子どもの支援への期待

　では、保育所等を利用する子どもの支援にはどのようなことが期待されているのでしょうか。保育所等を利用する子どもの家庭は、それぞれにもっている家庭背景があります。具体的には、図表12-3に示したような「保育を必要とする事由」に当てはまる何かしらを抱えています。共働き家庭だけでなく、妊婦・出産後で思うように体を動かせない状況や介護をする必要がある、求職中、災害の復旧にあたっているなど、それぞれの保

図表12-3　保育を必要とする事由

> 次のいずれかに該当することが必要です。
> ・就労（フルタイムのほか、パートタイム、夜間、居宅内の労働など）
> ・妊娠、出産
> ・保護者の疾病、障害
> ・同居又は長期入院等している親族の介護・看護
> ・災害復旧
> ・求職活動（起業準備を含む）
> ・就学（職業訓練校等における職業訓練を含む）
> ・虐待やDVのおそれがあること
> ・育児休業取得中に、既に保育を利用している子どもがいて継続利用が
> 　必要であること
> ・その他、上記に類する状態として市町村が認める場合

出典：内閣府・文部科学省・厚生労働省「子ども・子育て支援新制度　なるほどBOOK（平成28年4月改訂版）」2016年をもとに作成
https://www8.cao.go.jp/shoushi/shinseido/event/publicity/pdf/naruhodo_book_2804/a4_print.pdf（2022年10月11日確認）

重要語句

待機児童

→保育の必要性の認定がなされ、保育施設（幼稚園・幼稚園機能部分の認定こども園を除く）および地域型保育事業の利用の申込をしているが、利用していない児童を指す。育休中の保護者の子どもや特定の保育施設の利用を希望している場合には、待機児童には含まれないとしている。

プラスワン

保育所等の地域差

待機児童問題が継続している地域もあれば、解消して保育所等の定員割れの問題になっている地域もあり、新たな課題が出てきている。

12 コマ目

保育所等を利用する子どもの家庭への支援

「保育を必要とする子ども」は、保護者の就労だけでなく、さまざまな事由があるんですね。

護者が抱えている事由によって保育所等を利用していることがわかります。つまり、保育所等は、さまざまな事由を抱えている家庭の子どもが通うことにより日中の保育を行い、そのうえで、それぞれの家庭状況を考慮・配慮しながら必要な支援も行っています。

　さらに現代の子育て家庭は、これらの事由は単独で存在することは少なく、複合的に抱えていることが多い傾向にあります。しかも、その事由が複雑に絡み合い、保護者自身が困難な状態になりながらもそのことに気づいていない場合もあります。そして、気づいたときには非常に深刻な状態に陥っていることも少なくありません。

　たとえば、共働きをしている状況で、経済的に苦しかったり過度に時間的余裕を失っている家庭などの場合、保護者が思うように日々の生活や子育てができずに気持ちに余裕がなくなることから、児童虐待へとつながってしまうといったケースなどがあげられます。

　このようにみると、保育所等は、日々園で生活をする子どもの様子や送迎する保護者の様子から、その家庭状況の変化に気づくことができる貴重な場所といえます。また、それは、保護者にとっても子育ての手助けを求めやすい場であることも意味しています。つまり、保育所等には、「子どもが生きること」そのものを守るという役割も期待されているのです。

貧困や児童虐待が心配される家庭の子どもと保護者にとっては、保育所等は社会とつながっている重要な場になっているんですね。保育所等は、このつながりをもち続けられるようにすることが大切なんですね。

２ 保育所等の職員の専門性を生かした支援

　保育所等には、保育士だけでなく、看護師、栄養士、調理師などさまざまな専門性をもった職員がいます。保育所等は、家庭で保護者がしている一つひとつの生活の事柄をさまざまな専門性をもつ職員が役割分担をしています。そして、保育所等の生活が子どもにとって心地よく楽しいものとなるように連携をしながら実現していきます。

① 保育士（保育士・保育教諭）

　保育士は、保育所等で子どもが生活するうえで、子どもや保護者にとって一番身近な職員です。一人ひとりの子どもに保育の意図をもって関わりながら子どもの理解を深め、健やかな育ちにつなげていきます。

② 看護師

　子どもが保育所等において健康に生活できるために、医療的視点をもちながら子どもに関わります。そして、健康に過ごすための生活習慣を身につけられるように指導もします。また、病気やけがのときには、状況に応じて適切な対応をしていきます。

③ 栄養士・調理師

　保育所等の食事の献立を作成し、食事やおやつをつくって子どもに提供していきます。よりよい食習慣が身につき、子どもにとって楽しい食事となるように創意工夫を重ね、また、安全に食事提供できるようにし、特に離乳食・食物アレルギー児の食事については、ほかの職員と細やかに連携をとっています。

　これらの職員は、手探りで子育てをしている保護者が悩みを抱えたときに、専門性に基づき助言や指導をすることができます。また、子どもと保

護者が毎日通うことから、職員が、子どもや保護者の「いつもと違う」ことに気づき、言葉かけをしたり会話を通して悩みを引き出したりすることができます。つまり保育所等は、それぞれの職員の専門性を、子どもとその保護者に生かすことができる関わりを考え、支援することが求められています。

その他、用務職員がいる保育施設もあります。用務職員は、保育所等を心地よく過ごす場となるために掃除や洗濯をしたりするなど、園の生活を支えています。子どもにとっては、無条件でかわいがってくれる温かな存在となることが多く、保育でも大切な役割を担っています。

■3■ 「皆で保育をする」地域連携

子どもは、それぞれの家庭の子どもと同時に、生活している地域の子どもでもあります。保育所等は、地域の子どもでもあることを理解して、子どもや保護者と地域とのつながりがもてるようにすることが大切です。

具体的には、保育所等の行事で地域の人々の交流や自治会とつながって地域の行事に参加したり、地域の人々が活用する公共施設を利用するなどがあげられます。これらのつながりを深めていくなかで、子どもが地域の人々にかわいがられ、その地域も心地よい生活の拠点となっていくのです。

つまり、保育所等は、そこを利用する子どもや保護者と地域の人々や公共施設等をつなげるパイプ役となり、そのことは、「みんなで保育をする」地域の連携をつくり出していくことにもなります。

それを実現するためには、保育所等が積極的に地域に関わり、地域に根ざしていく姿勢が重要となります。たとえば、散歩などのときに出会った近所の人々に気持ちよくあいさつしたり、近所の人々との交流を深め、協力をしてもらいながら行事を開催するなどです。

このようにみると、保育所等が地域に根ざした保育施設となるためには、職員一人ひとりが子どもを中心にして、地域連携ができる関係性をつくっていく日々の積み重ねが大切といえます。そのことが、子どもが地域の子どもとして生きることを可能とするのです。

■2■ 保育所等を利用する子どもの家庭支援の実際

ここまで学んできたとおり、保育所等を利用する子どもの家庭支援は、保育士等が子どもと保護者と関わるなかで、双方に信頼関係を築いていくことや保護者の子育てに関する不安や悩みに寄り添っていき、一緒に考えていく関係性があってはじめて可能となります。次に、そのような関係性を築くことで、保育所等を利用する子どもの家庭が安心できるような支援の実際についてみていきます。

12
コマ目

保育所等を利用する子どもの家庭への支援

図表12-4　ある保育所の1日（日課）

時間＼利用区分	2号認定（3歳以上児）		3号認定（1・2歳児）		3号認定（0歳児）	
	短時間	標準時間	短時間	標準時間	短時間	標準時間
7:10	延長保育	順次登園	延長保育	順次登園	延長保育	順次登園
8:00	順次登園		順次登園		順次登園	
9:30	活動	活動	おやつ　遊び	おやつ　遊び	遊び　睡眠	遊び　睡眠
11:00			昼食（授乳）	昼食（授乳）	離乳食・授乳　昼食	離乳食・授乳　昼食
12:00	昼食	昼食	午睡	午睡	遊び	遊び
13:00	午睡	午睡				
14:45	おやつ　遊び	おやつ　遊び	おやつ　遊び	おやつ　遊び		
16:00	順次降園		順次降園		順次降園	
18:10	延長保育	順次降園	延長保育	順次降園	延長保育	順次降園
20:10		延長保育		延長保育		延長保育

1　保育所等の保育における支援

　いわゆる保育所等の保育です。保護者が保育所等に子どもと一緒に登園して、子どもは保育所等で生活をします。その間、保護者は就労等のあと保育所等に迎えに来て、家庭生活に戻っていきます。ここでは、ある保育所の日課（図表12-4）をもとに、保育所等の生活において理解しておきたい事項について確認をします。

① 認定区分と保育の必要性

　保育所等を利用するにあたっては、まず各市区町村にどのような支援が必要か保育認定を受けます（図表12-5）。保育を必要とする認定（2・3号認定）は、「保育を必要とする事由」のどれかに該当し、図表12-6に示

図表12-5　施設型給付の支援を受ける子どもの認定区分

支給認定区分	対象者（認定区分）	給付の内容	利用できる施設・事業
1号認定（教育標準時間認定）	満3歳以上の小学校就学前の子どもであって、2号認定子ども以外のもの「子ども・子育て支援法」第19条第1項第1号	教育標準時間*	幼稚園　認定こども園
2号認定（保育認定）	満3歳以上の小学校就学前の子どもであって、保護者の労働又は疾病その他の内閣府令で定める事由により家庭において必要な保育を受けることが困難であるもの「子ども・子育て支援法」第19条第1項第2号	保育短時間　保育標準時間	保育所　認定こども園
3号認定（保育認定）	満3歳未満の小学校就学前の子どもであって、保護者の労働又は疾病その他の内閣府令で定める事由により家庭において必要な保育を受けることが困難であるもの「子ども・子育て支援法」第19条第1項第3号	保育短時間　保育標準時間	保育所　認定こども園　小規模保育等

注：教育標準時間外の利用については、一時預かり事業（幼稚園型）等の対象となる。
出典：内閣府・文部科学省・厚生労働省「子ども・子育て支援新制度ハンドブック（施設・事業者向け）（平成27年7月改訂版）」2015年をもとに作成
https://www.8.cao.go.jp/shoushi/shinseido/faq/pdf/jigyousya/handbook.pdf（2022年10月11日確認）

図表12-6　保育の必要量

保育を必要とする事由や保護者の状況に応じ、次のいずれかに区分されます。

a.「保育標準時間」認定
⇒最長11時間（フルタイム就労を想定した利用時間）
b.「保育短時間」認定
⇒最長8時間（パートタイム就労を想定した利用時間）

※保育を必要とする事由が就労の場合、「保育短時間」利用が可能となる保護者の就労時間の下限は、1ヶ月当たり48〜64時間の範囲で、市町村が定めることとなります。

出典：図表12-3と同じ

した保育の必要量によって具体的な保育所等の利用方法を選択しています。

② 保育時間（通常保育・朝夕保育・延長保育）

　保育所等を利用する子どもの家庭が抱えている事由はそれぞれなので、子どもの保育時間*もそれぞれ異なります。近年は、夜遅くまで保育をする延長保育や夜間保育をしている保育所もあり、職員の勤務時間より長く保育所等で生活している子どもも少なくありません。保育士は、子どもが保育所等の生活を毎日楽しみにすること、保護者は安心して保育所等に預けながら前向きに子育てをしていけるようにすることを第一に考えて、日々保育をしたり必要な関わりをしていくようにします。

　このようにみると、保育所等は、単純に子どもを預かって保育をするという場ではなく、それぞれの家庭が抱えている事由を考慮して、子どもや保護者に合わせて利用する場であることがわかります。それは、子どもと保護者の家庭生活が安心できる生活となるようにするための基本的な支援といえるでしょう。よって保育士は、日々の子どもと保護者の関わりにおいて、園生活も家庭生活も心地よいものとなることを見据えながら、保育を行うように心に留めてほしいと思います。

2 日常の保育の可視化

　保護者が保育所等を利用する際に不安になることの一つに、「保育所等で子どもがどのように過ごしているのか」があります。それは、保護者には子どもの保育所等での生活が見えないからです。たとえば、自分の子どもが保育士とどのように過ごしているか、友だちとどのように遊んでいるか、仲よく遊べているか、などがあげられます。

　そこで、保育所等では保育を可視化するさまざまな工夫をしています。その実際についてみていきましょう。

① 連絡帳

　子ども一人ひとりに保育所等と保護者とでやりとりをする連絡帳（写真12-1）があります。家庭での様子、保育所等の様子を伝え合う手だてとして活用していきます。

　保育士は、保育所等での子どもの育ちを感じられるような子どもの姿をていねいに書き記し、保護者はその連絡帳を読んで子どもの成長を感じ取れる大切な一つのツールといえます。その日の保育所等の出来事を言葉で

重要語句

保育所の保育時間〈保育標準時間〉

①通常保育
→保育所の保育時間は原則8時間であり、この時間を通常保育という。
②朝夕保育
→保育所の開所時間は11時間であるため、通常保育時間以外の保育時間の朝早い保育時間、夕方の保育時間を朝夕保育という。
③延長保育
→開所時間よりも長い時間開所している保育所等では、基本11時間を超える保育時間を延長保育といい追加料金が必要である。
※短時間保育児は、朝夕保育・延長保育時間とも延長保育となる。

認定こども園の保育時間

①通常保育
→1号認定は4時間、2・3号認定は保育所に準じる。
②朝夕保育・延長保育
→2・3号認定は保育所に準じる。
③その他
→状況に応じて契約時間を超えた保育については預かり保育となる。

---

12 コマ目

保育所等を利用する子どもの家庭への支援

連絡帳は保護者と保育士の連絡事項を伝え合うだけのものではなく、保護者が保育士と子育てを一緒にする気持ちを育むことにもつながるんですね。

伝えられる時期の子どもには、「○○ちゃんに聞いてみてくださいね」「ぜひ、家庭でもやってみてください！」など、家庭に帰ってから保護者と子どもとの楽しい関わりや会話につながるような工夫も必要です。

　低年齢児は、1日24時間の生活をとらえていくための生活面（食事・睡眠・排泄など）の記入欄があり、保育所等は家庭での生活を、家庭では保育所等の生活の様子を理解する手だてとなります。保護者のなかには、連絡帳が子育て日記のようなものになるかけがえのないものに感じている人も多いようです。

写真12-1　乳児の連絡帳

掲示板は、保育の出来事を伝えるだけではなくて、情報発信をする大切なツールなんですね。

② 掲示板

　ほとんどの保育所等では、保育室の前にクラスの掲示板があります。保護者が迎えに来たときにその掲示板を見てもらい、保育の様子を伝えることを目的としています。掲示板は、子ども一人ひとりというよりはクラスでどんな活動をしたのか、どんな出来事があったのかなどを伝える手段となっています。また、保護者に、行事に関して何かお願いするときは実物を掲示したり、写真やイラストなどで具体的にわかりやすく伝えています。そうすることで保護者は、色や形、サイズなどを具体的に自分の目で確認できるので、わかりやすく準備しやすくなります。

　また、保育所等には、各クラスの保育に関する掲示板だけでなく、保健面、食事・栄養面、行事、子どものために必要な情報などのさまざまな掲示板があります。そして、保護者がいつでも必要なときに必要な情報を得られるようにいろいろな工夫をしています。

③ ポートフォリオ・ドキュメンテーション

　保育におけるポートフォリオ（写真12-2）あるいはドキュメンテーションとは、保育の可視化をするために写真などを使って記録した資料のことをいいます。また現在では、保護者に保育の様子や子どもの様子を伝えるだけでなく、園内で保育を振り返るときに使用するなど、非常に幅広く活用されています。

　日々の保育の様子が見えづらい保護者にとって、写真を使って保育の展開や子どもの様子をわかりやすく伝えることができるポートフォリオやドキュメンテーションは、自分の子どもが楽しく過ごしていることが理解でき、安心したり、うれしく思うことにつながります。

　しかし、このような記録は、子どもたちの楽しむ姿や保育の面白い展開など保育のよい面ばかりを伝えてしまいがちですが、保育は、子どもが考えたりうまくいかずに試行錯誤したりするプロセスのなかにさまざまな子どもの育ちがあります。また、保育士もそのプロセスのなかで、どうしたら子どもの育ちにつながるのかを考えながら子どもと関わっています。そのプロセスをいかに鮮明に映し出せるかというところにこのような記録のよさがあります。保育のプロセスをていねいにとらえながら作成することを心がけてほしいと思います。

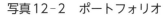

写真12-2　ポートフォリオ

④ 園だより・クラスだより

　ほとんどの保育所等では、定期的に、園だより（保育所だより）（写真12-3）やクラスだよりを発行しています。園だよりは、最近の子どもの様子を伝えたり園全体の行事予定、誕生児の紹介、その季節ならではの子育て情報、お知らせなどを掲載しています。クラスだよりは、クラスの子どもたちの日ごろの様子を伝えながら子どもの成長について伝え、その年齢・月齢ならではの子どものかわいいしぐさやひとことを紹介して、心がホッとするコーナーをつくる場合もあります。また、家庭で準備をしてほしい持ち物の説明や、安心して保育所等の生活ができるようにするためのお願いを書くこともあります。

　このように、おたよりは保育所等の必要な情報発信をするだけでなく、子育てならではの大切な情報、保育所等の生活の様子を保護者と共有するなど大切な役割を担っています。

　保育士は、日々の子育てに忙しい毎日に追われている保護者が、おたよりを読んですぐに、子どもが保育所等で生活・遊びをするために必要な情報や子育ての情報が見やすくわかるようにレイアウトを工夫したり、保護者が読みながら子どもの成長を感じたり子どもらしいかわいい姿をイメー

保育のプロセスのなかで、保育士が迷ったことや感じたことを伝えていくことも子育て支援では大切なことなんですね。

おたよりは保護者が「見たい！」「読みたい！」と思える工夫が詰まっているんですね。

12
コマ目

保育所等を利用する子どもの家庭への支援

ジして、心がなごむようなコーナーも工夫してつくっていったりすること
が大切です。それが、保護者の日々の子育てを前向きにする機会となって
いきます。

写真12-3　園だより

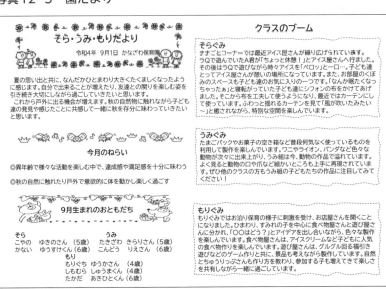

⑤ 子どもの作品の展示

　保育の活動のなかで、保育士が、子どもの描いた絵や製作物（写真12-4、
写真12-5）を保育室などに飾って展示し、子どもの満足感や達成感を味
わえるようにしていくとともに、それを保護者にも見てもらうことを期待
しています。子どもの絵や製作物は、子どもの表現であるがゆえに個性的
で、一人ひとり異なっていることが何より魅力的に感じるものです。そし
て、送迎時に、飾った作品を子どもと保護者で一緒に見ながら会話をして
いることは、保育士にとって本当にうれしい姿です。
　一方で、クラスのすべての子どもの作品を飾るため、"作品の違い"を心
配する保育士もいます。たとえば、3歳児が人の顔を描くとき、目・鼻・
口・眉毛・耳などの部位を正しい位置に描く子どももいれば、発達状況や

子どもの作品は、きれ
いに見せることも大
切だけど、作品を通し
て、子どもの育ちや子
どもの個性を伝えら
れるようにしていくこ
とが大切なんですね。

写真12-4　子どもの作品①

写真12-5　子どもの作品②

ユーモアから異なった位置に描く子どももいます。保育士は、異なった位置に描く子どもに「保護者が心配する」「自分が指導していないと思われる」といった思いから、「目はここでしょ。……ここに口はないでしょ。よく見て！」と、思わず"保育士のいうとおりに"と指導してしまいがちです。

　しかし、本来の子どもの成長を伝えていくためには、保育士が子どもの発達過程を理解して保護者に子どもの発達について説明をし、子どもがどのような表情で描いていたのか、この時期の絵の面白さやすばらしさについて伝えることのほうが重要といえるでしょう。

■3 保育参観・参加、保護者会、個人面談など

　保育所等では、保護者に保育所等の生活を見てもらったりする保育参観や、実際に保育に参加してもらう保育参加を行っています。自分の子どもがどのように過ごしているのか、友だちとどのように関わっているのか、保育士がどのように子どもと関わっているのかなど、日ごろ子どもを保育所等に送迎していても見えない姿がわかり、それが保育所等に安心して子どもを預ける気持ちへとつながっていきます。

　また、保護者会は、保育士からクラスの保育の目標や保育の様子を伝えて保護者と共有したり、保護者同士の交流をしたりする場として実施しています。

　保育士は、映像や写真を使いながら、子どもの様子や保育で大切にしていることを発信したり、保護者の緊張をときほぐしたり、保護者同士がつながりをもてるように自己紹介のテーマ（例：子どもの名前の由来、子育てのストレス発散法）などを工夫して、楽しいひとときとなるようにしていきます。また、おやつの試食会などを行い、子どもの生活の一部を体験してもらう機会にもしていきます。

　さらに、クラスの保育士が保護者と子どもについて話す機会として、個人面談も実施しています。個人面談では、子どもについての情報交換や子どもと関わるうえで大切にしていくことの確認をしたり、保護者の育児相談などを行ったりしています。保育士は、保護者の話に傾聴する姿勢を大切にして、一方的に教えるのではなく、「どうしたらよいだろうか？」と一緒に考えたり、「こういう方法もありますよね」と提案したりしていきながら、保護者が、「試しに家でやってみます！」と家庭での育児が楽しみになるような心持ちへとつなげていくことが大切です。

　以上のように、保護者が実際に保育所等に来て過ごしたり子どもについて話したりすることは、保護者が子どもの育ちを知って喜んだり、何気なく話すなかで自然と悩みを伝えられる機会となったりするため、保育士は、保護者一人ひとりに対する適切な支援が理解できる貴重な機会ととらえる必要があります。子どもを中心に置きながら、保護者と保育士で一緒に子育てを考えられる関係性になるように心がけていくとよいでしょう。

保育の可視化というのは、保護者同士がつながる機会につながるのですね。そうすることで、保護者同士で子育てを助け合える関係になっていくんですね。

12コマ目

保育所等を利用する子どもの家庭への支援

3 保育所等を利用する子どもの 保護者に寄り添う支援を考える

ここでは、保育所等を利用する保護者に寄り添い関わる事例を取り上げ、保護者への具体的な支援について一緒に考えていきます。

1 保護者に寄り添うことから子育てを考える

事例❶ 子育てと仕事の両立って……（1歳児さきちゃんの母親）

出産前まで正規社員で管理職として働いてきた母親。出産・育児休業で仕事が継続できないことに複雑な思いをもっていました。早く育児休業から復帰して休んだ分を取り戻したいと入園面接で話していました。

入園した4月初日の親子で一緒に過ごす日に、さきちゃんは保育室に入るとずっと大泣きして母親にしがみついて離れません。母親は「これじゃ遊べないでしょ。ほら、ここにお人形があるよ」と言って、抱っこしているさきちゃんを必死に下ろそうとしました。それを見た保育士は、「心配ですよね。大丈夫ですよ。少しずつ慣れますから」と言葉をかけました。

母親が「どうしてうちの子は……。早く遊べばいいのに。早く仕事に戻らないといけないのに」と言うので、保育士は「泣いているってことは、いつもと違うことを理解している証拠ですね。心配ですか？」と聞きました。

母親は、「仕事のときは、子どものことを考えていられないですから。早く慣れてほしいです……」と答えました。保育士は「子育てしながらの仕事は、子育て前の考え方とは異なるかもしれませんね。でも、子どもも親も少しずつ慣れていきますよ。応援しますから安心してください」と優しい口調で話しました。母親は、「私に子育てと仕事の両立ってできるんですかね……不安しかないです」と涙ぐみました。保育士は「本当にそうですよね。大丈夫ですよ。子どもも母親も少しずつです。焦らずゆっくり新しい生活に慣れていきましょうね」と伝えました。

その後、保育士は母親にはできるだけ直接話したり連絡帳を活用して子どもの様子を伝えたり、保護者の気持ちを聞き出したりするように心がけました。

入園して1か月半を過ぎたころ、さきちゃんが笑顔で登園するようになり、母親も新しい生活に慣れて、送迎時に笑顔を見せるようになりました。

現在は女性が社会進出して、正規雇用で働いたり責任ある仕事を任されるような立場になることも当たり前のようになっています。そのようななかで、出産・子育てをする母親は、育児休業し復帰をする際に「出産前のように働けるか」「まわりの人に迷惑かけてしまうのではないか」など、子育てと仕事の両立ができるのかどうか心配や不安を抱えることも多いでしょう。それらの心配や不安が、「早く子どもに保育所等の生活に慣れてほしい」という思いにつながってしまい、まわりから見て、「仕事しか考えていない」「子どもに無理をさせている」などといった姿に映ってしまう可能性があります。

また、事例①のように、保育士との関係性も築かれていない状態の場合には、保護者はとにかく、「自分で何とかしなければならない」と焦る気持ちから、つい、「子どもが慣れれば何とかなる」という思いにつながってしまうのだと思います。

保育士は、このような保護者のとにかく今焦る気持ちがあることを肯定的に受け止めて、少しでも落ち着いてスタートする気持ちをもてるように言葉かけをしていくことが重要です。そして、子育てを一人で抱えようとせず、一緒に子育てしていく気持ちを伝えていくことが保護者の心の緊張をほぐしていくことでしょう。

一番大切なのは、これから続く日々の保育の様子や保護者の様子を保育士がしっかりと把握・理解して、保護者が、「一緒に子育てする」という経験を重ねていくことです。保育士が、送迎時や連絡帳などを使って子どもが楽しく過ごしていることを伝えたり、泣くことがあっても保育士がていねいに関わり、気持ちを切り替えられていることを伝えたりしていくことが大切です。

新しい生活スタイルへの疲れをねぎらったり、一人ではないことを発信したりしていくことも重要です。そうすることで、保護者は自分なりの子育てと仕事の両立する具体的な方法を身につけていきます。

2　保護者が保護者になる過程を支える保育士になる

事例②　子育ては思いどおりにはいかない（4歳児けんたくんの母親）

夕方保育の時間、けんたくんは4人の友だちと一緒に積み木遊びをしていました。しかし、お互いのイメージがすれ違い、言い合いとなってしまいました。けんたくんは泣きながら皆でつくっていた作品を叩いて壊し、座り込んでしまいました。当番保育士がそばに来て話を聞いてお互いに話もできてひと段落したところに、父親が迎えに来ました。保育士は父親に状況を説明すると「ちゃんと謝りなさい！」というので、保育士は、「けんたくんだけが悪いわけではないですから。ちゃんと話しましたから」と父親にていねいに話しました。

けんたくんと父親は登園かばんを取りに行きましたが、けんたくんは黙って保育室に座り込んでしまい帰ろうとしません。父親は「ほら、早く帰るぞ。早く立って！」とイライラしたような口調でいいました。けんたくんは父親に背中を向けてしまい、動かなくなってしまいました。父親は「何してるんだ。早くしろ！」と強い口調になりました。その様子に気づいた担任保育士が来て、父親に「どうしました？」と優しく言葉をかけます。

父親は「すみません、一度泣くと長くって」と状況を話し申し訳なさそうに謝ります。保育士は、「とんでもない、大丈夫です。大人もそうですが、気持ちの切り替えってなかなかできないものですよ。そんなときもあります。ね、けんたくん」とけんたくんの背中をさすりながら話しました。「けんたくんはちゃんと考えていますから大丈夫ですよ。待ちましょう」と優しく伝えました。しばらくするとけんたくんは、みずから立ち上がり「帰る」とつぶやくように言い、父親と手をつなぎ一緒に降園しました。

保護者は、お迎えに来たあとは家庭での生活が始まります。保護者は、食事、入浴、洗濯などさまざまなことをしなければならないため、早く家に帰らなければと思うことが多いでしょう。一方で、けんたくんはちょうど気持ちが落ち込んだときのお迎えで、どうにも気持ちを調整できずにいました。

　この事例は、父親とけんたくんの気持ちのすれ違いが起きており、父親はイライラする気持ち、りんたくんはうまく気持ちを切り替えられないもどかしさを抱えています。このような場面に出合ったときには、保育士はさり気なく入っていき、お互いの気持ちに共感して調整するパイプ役になることが重要です。そして、けんたくんみずからが気持ちを切り替えられるように援助していきます。父親は、保育士が介入したことで冷静な気持ちになり、けんたくんは、保育士が自分の気持ちを理解してくれたこと、父親に伝えてくれたことで気持ちがホッとして落ち着きました。つまり、けんたくんみずからが気持ちを切り替える経験をすること、それを父親がけんたくんの気持ちを理解して待つことを経験することができ、このことが子どもと保護者の成長にもつながっていくのです。

　このように、保育士は、保護者と子どもの間で起こっていることを収めることだけに気持ちを向けずに、子どもの成長や保護者の次の子育てにつながる経験になるように関わっていくようにすることが大切なのです。

おさらいテスト

❶ 保育所等を利用する子どもの [　　　　　] が求められている。
❷ 保育所等では、保護者の子どもを預かり保育するだけでなく、[　　　　　] で支援をしている実際がある。
❸ 保育所等を利用する子どもの家庭で子育てをする [　　　　] に寄り添い、関わる支援が重要である。

演習課題✎

子育てしてきた親にインタビューしてみよう

1．自分の親にインタビューしてみましょう。
①日々子育てするなかで、自分の子どもを保育施設に預けていてよかったと思ったことは何か、具体的なエピソードを聞いてみましょう。

[ ]

②日々子育てするなかで、自分の子どもを保育施設に預けていて、心配に感じたことは何か、具体的なエピソードを聞いてみましょう。

[ ]

③保育施設に預けながら子育てをしていて、保護者として成長したなと感じた具体的なエピソードを聞いてみましょう。

[ ]

④①～③のインタビューから、子育て支援の視点で考察して、Ａ４サイズの紙面にまとめてみましょう。

[ ]

2．1の課題を学生同士で発表し合い、子育て支援の視点で意見交換をしてみましょう。

[ ]

地域の子育て家庭への支援

今日のポイント

1. 子育て家庭を支える地域づくりをしていくことが求められている。
2. 子育て家庭を支えるために、地域のさまざまな場所や方法によって支援を行っている実際がある。
3. 保護者の育児に関する不安やわからなさを共感しながら支援をすることが重要である。

1 子育て家庭からみる地域の役割

1 子育て家庭を支える地域づくりの重要性

① 子育てしづらい子育ての環境

　働く人が性別により差別されることなく、かつ、働く女性が母性を尊重されつつ、その能力を十分に発揮できる雇用環境を整備するために、1985年に「男女雇用機会均等法」（雇用の分野における男女の均等な機会及び待遇の確保等に関する法律）が制定されました。この制度では、募集・採用、配置・昇進等の雇用管理の各ステージにおける性別を理由とする差別の禁止や婚姻、妊娠・出産等を理由とする不利益取扱いの禁止等が定められています。これにより、「母親は家庭に入って育児をする、父親は外に出て働く」という性別役割分業をすることが主流となっていた社会から、女性も男性と同じように働く社会へと徐々に移行していきました。そして、子どもがいる家庭において「結婚・出産後も女性が働き続ける」という選択ができ、核家族が主流でありながら共働き家庭が増加し続けています。

　家庭で子育てする専業主婦は、図表13-1でみるように減少傾向にあります。これまで、性別役割分業として専業主婦同士で協力し合いながら地域で子育てをするという機能があったものが、社会の変化による共働き世帯の増加によって、専業主婦同士で子育てを協力し合う機能が乏しくなってきました。

　さらに、日本では、少子化問題も深刻な状況になっています。児童のいる家庭も減少傾向が続いており、近年は図表13-2のように、児童のいない世帯の割合が非常に多くなり、児童のいる世帯は2割程度となっています。家庭で子育てをする専業主婦は、地域に子育てについて気軽に相談できる人や機会も少なくなり、"自分で何とかしなければならない"と思いながら子育てをする環境となっています。

図表13-1　専業主婦世帯と共働き世帯

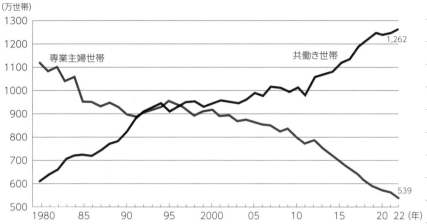

（万世帯）

注：1）「専業主婦世帯」は、夫が非農林業雇用者で妻が非就業者（非労働力人口及び完全失業者）の世帯。
　　2018年以降は、夫が非農林業雇用者で妻が非就業者（非労働力人口及び失業者）の世帯。
　　2）「共働き世帯」は、夫婦ともに非農林業雇用者の世帯。
　　3）2011年は岩手県、宮城県及び福島県を除く全国の結果。
　　4）2018年～2021年は、2020年国勢調査基準のベンチマーク人口に基づく時系列接続用数値。
出典：独立行政法人労働政策研究・研修機構「早わかり グラフでみる長期労働統計」2022年
https://www.jil.go.jp/kokunai/statistics/timeseries/pdf/g0212.pdf（2022年9月29日確認）

図表13-2　児童の有無別にみた世帯構造別世帯数の構成割合の年次比較
（昭和61年、令和元年）

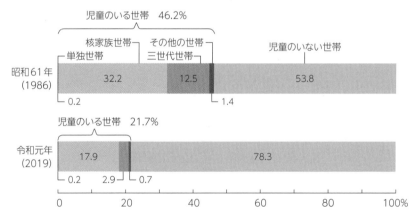

出典：厚生労働省政策統括官（統計・情報政策担当）「令和3年　国民生活基礎調査（令和元年）の結果からグラフでみる世帯の状況」2021年
https://www.mhlw.go.jp/toukei/list/dl/20-21-h29.pdf（2022年9月29日確認）

　では、主に外で働く父親はこのような状況をどのように感じているのでしょうか。日本労働組合総連合会は2019年9月に「男性の家事・育児参加に関する実態調査2019」として、同居している子どもがいる全国の25～49歳の有職男性1,000人を対象にインターネットリサーチを実施しています。

　仕事と育児のバランスについて、「仕事と育児の両立が理想」と回答している男性は62.7％でありながらも、「実際に両立できている」と回答して

1995年前後を境にして、共働き世帯数が専業主婦世帯数より増加しているんですね。

図表13-3　共働き・片働き別の子育てについての悩みや不安の内容

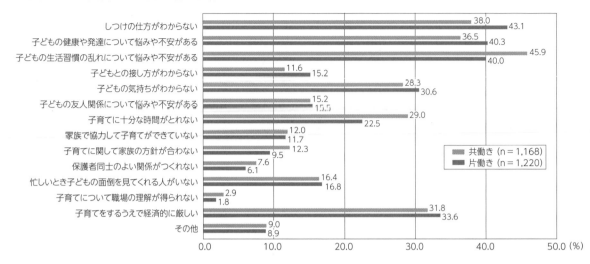

	共働き (n = 1,168)	片働き (n = 1,220)
しつけの仕方がわからない	38.0	43.1
子どもの健康や発達について悩みや不安がある	36.5	40.3
子どもの生活習慣の乱れについて悩みや不安がある	45.9	40.0
子どもとの接し方がわからない	11.6	15.2
子どもの気持ちがわからない	28.3	30.6
子どもの友人関係について悩みや不安がある	15.2	15.5
子育てに十分な時間がとれない	29.0	22.5
家族で協力して子育てができていない	12.0	11.7
子育てに関して家族の方針が合わない	12.3	9.5
保護者同士のよい関係がつくれない	7.6	6.1
忙しいとき子どもの面倒を見てくれる人がいない	16.4	16.8
子育てについて職場の理解が得られない	2.9	1.8
子育てをするうえで経済的に厳しい	31.8	33.6
その他	9.0	8.9

注：複数回答として集計。
出典：インテージリサーチ「令和2年度　家庭教育の総合的推進に関する調査研究——家庭教育支援の充実に向けた保護者の意識に関する実態把握調査」（令和2年度文部科学省委託調査）2021年をもとに作成
https://www.mext.go.jp/content/20210301-mex_chisui02-000098302_1.pdf（2022年9月29日確認）

共働き家庭と片働き家庭とでは、子育ての悩みの傾向が異なる項目があるんですね。

いる男性は30.4％に留まっていました。また、育児休業取得率については わずか7.2％に留まり、育児休業取得できない・しなかった理由としては、仕事の代替え要員がいない、収入が減る、男性が取得できる雰囲気が職場にない、などの理由があげられていました。つまり、父親は、育児に参加したいと思っても現実的にはその思いを実現することは難しい傾向にあるということがいえます。このようにみると、現在の子育て家庭は母親に大きく負担がかかり、孤独感や閉塞感を感じやすい環境になっていることが理解できます。

② 家庭で子育てする不安

　現在、子育てをしている保護者は、自分の子どもを授かるまでに自分より幼い子どもと関わる経験が少ないなどの理由から子どもと関わる難しさを感じ、悩みや不安を抱える傾向にあります。

　図表13-3をみるとわかるように、共働き家庭と比べて片働き家庭の保護者は、「しつけの仕方がわからない」「子どもの健康や発達について悩みや不安がある」「子どもの気持ちがわからない」「子どもとの接し方がわからない」など、子どもと関わるうえで思うようにいかない姿にどのように向き合えばよいのかわからず、不安を抱えていることが読み取れます。また、この悩みや不安が解決されないまま一人で抱え続けることは、児童虐待などの子育てについての深刻な問題へとつながっていく可能性があります。

2　子育て家庭が地域とつながる

① 子育て家庭が地域とつながることの重要性

　このようにみてくると、子育て家庭には、ひと昔前まではごく自然に根ざしていた地域とのつながりが求められていることがわかります。子育て家庭が日々生活している地域のなかで、子育てについて協力し合ったり、子育てについての悩みや不安を相談できるような場所や人がいることは、保護者にとっても子どもにとっても必要不可欠といえます。

　そのことについて、保護者と子どもの立場から考えてみましょう。まず保護者側は、自分の家から一歩出た地域とつながることで、「自分一子ども」ばかりの閉塞感や孤独感になりがちな子育てから脱却することが可能となります。

　たとえば、誰かに相談することで自分の子育てを冷静にとらえたり、自分には思いつかなかった子どもの見方に気づいたりするようになるでしょう。そして、自分一人ではうまくいかずにどうしてよいかわからなかったことも、子育てを経験した人に話してみて、思いもよらない方法があることを知り、もう一度がんばってみようという心持ちになり、新たな気持ちで子どもと関わろうとするような前向きな気持ちになるかもしれません。そして、子育ては、自分一人で抱えるものではなく、心温かな人と協力し合いながらしていくものだという経験を積み重ねていくことが、前向きな気持ちで子育てするうえで重要といえるでしょう。

　次に、子ども側から考えてみましょう。子どもは、常に保護者とともに生活をしています。つまり、子どもの生活は保護者の生活のなかにあるということです。保護者が前向きな気持ちで生活していることで子どもの生活も豊かになります。また、保護者以外にも、地域の人々にかわいがられるのはとても大切なことといえます。多くの身近な大人にかわいがられることによって、子どもは地域で守られ地域の子どもとして心地よく過ごすことができるのです。

　つまり、現在の子育て家庭が、何かしらの形で地域とのつながりをもち、心にゆとりをもって子育てできるという「子育てしやすい地域づくり」は、保護者にとっても子どもにとっても重要なことなのです。

② 子育てしやすい地域づくり

　では、現代における「子育てしやすい地域づくり」とは具体的にどのような地域をイメージすればよいでしょうか。本来であれば、地域の人と協力し合いながら子育てを支え合う関係をつくり出せればよいのですが、地域の人々のつながりが希薄な現状では難しいといえるでしょう。また、共働き家庭が増加傾向にあるなかで、子どものいる家庭同士が助け合うこともなかなか厳しい状況といえます。つまり、「子育てしやすい地域づくりをしよう！」と声を上げたとしても、それは一筋縄ではいかない大きな課題となっているのです。

　そこで、現在は、その地域づくりを国や各自治体が中心となり、子育て支援事業として取り組むようになっています。その取り組みでは、子育て家庭が気軽に遊びに来られるような場所を提供し、保護者同士が子育てに

プラスワン

地域子ども・子育
て支援事業

地域子ども・子育て
支援事業の14事業に
は、保育士、看護師、
保健師、助産師、医師、
子育て支援事業に関
わる地域の人々など、
さまざまな専門知識
や技能をもつ職員が
関わっている。

ついての話を共有できるようにしてつながりをもてるようにしたり、気軽に子育てなどの相談ができる場となるようにしています。また、保護者同士ではわからないことも、その場にいる保育士や看護師などに相談し、子育てについての助言をもらえる環境となっていることも多く、子育て家庭の保護者が安心できる場となることを目指しています。

3 地域子ども・子育て支援事業

① 地域子ども・子育て支援事業とは

2015年に施行された「子ども・子育て支援新制度」において、地域の実情に応じた子育て支援として「地域子ども・子育て支援事業」があります。図表13-4のように、概要として14事業が示されています。これらの

図表13-4 地域子ども・子育て支援事業の概要

番号	事業名	事業内容
①	利用者支援事業	子どもまたはその保護者の身近な場所で、教育・保育施設や地域の子育て支援事業等の情報提供および必要に応じて相談・助言等を行うとともに、関係機関との連絡調整等を実施する事業
②	地域子育て支援拠点事業	乳幼児およびその保護者が相互の交流を行う場所を開設し、子育てについての相談、情報の提供、助言その他の援助を行う事業
③	妊婦健康診査	妊婦の健康の保持および増進を図るため、妊婦に対する健康診査として、①健康状態の把握、②検査計測、③保健指導を実施するとともに、妊娠期間中の適時に必要に応じた医学的検査を実施する事業
④	乳児家庭全戸訪問事業	生後4か月までの乳児のいるすべての家庭を訪問し、子育て支援に関する情報提供や養育環境等の把握を行う事業
⑤	養育支援訪問事業	養育支援が特に必要な家庭に対して、その居宅を訪問し、養育に関する指導・助言等を行うことにより、当該家庭の適切な養育の実施を確保する事業
⑥	子どもを守る地域ネットワーク機能強化事業（その他要保護児童等の支援に資する事業）	要保護児童対策地域協議会（子どもを守る地域ネットワーク）の機能強化を図るため、調整機関職員やネットワーク構成員（関係機関）の専門性強化と、ネットワーク機関間の連携強化を図る取組を実施する事業
⑦	子育て短期支援事業	保護者の疾病等の理由により家庭において養育を受けることが一時的に困難となった児童について、児童養護施設等に入所させ、必要な保護を行う事業
⑧	ファミリー・サポート・センター事業（子育て援助活動支援事業）	乳幼児や小学生等の児童を有する子育て中の保護者を会員として、児童の預かり等の援助を受けることを希望する者と、当該援助を行うことを希望する者との相互援助活動に関する連絡、調整を行う事業
⑨	一時預かり事業	家庭において保育を受けることが一時的に困難となった乳幼児について、主として昼間において、認定こども園、幼稚園、保育所、地域子育て支援拠点その他の場所で一時的に預かり、必要な保護を行う事業 ※幼稚園が行う預かり保育は、一時預かり事業（幼稚園型）に再編
⑩	延長保育事業	保育認定を受けた子どもについて、通常の利用日および利用時間以外の日および時間において、認定こども園、保育所等で保育を実施する事業
⑪	病児保育事業	病児について、病院・保育所等に付設された専用スペース等において、看護師等が一時的に保育等を実施する事業
⑫	放課後児童クラブ（放課後児童健全育成事業）	保護者が労働等により昼間家庭にいない小学校に就学している児童に対し、授業の終了後に小学校の余裕教室、児童館等を利用して適切な遊びおよび生活の場を与えて、その健全な育成を図る事業
⑬	実費徴収に係る補足給付を行う事業	保護者の世帯所得の状況等を勘案して、特定教育・保育施設等に対して保護者が支払うべき日用品、文房具その他の教育・保育に必要な物品の購入に要する費用または行事への参加に要する費用等を助成する事業
⑭	多様な事業者の参入促進・能力活用事業	多様な事業者の新規参入を支援するほか、特別な支援が必要な子どもを受け入れる認定こども園の設置者に対して、必要な費用の一部を補助する事業

出典：内閣府・文部科学省・厚生労働省「子ども・子育て支援新制度ハンドブック（施設・事業者向け）（平成27年7月改訂版）」2015年をもとに作成
https://www8.cao.go.jp/shoushi/shinseido/faq/pdf/jigyousya/handbook7.pdf（2022年10月11日確認）

事業は、保育施設を利用している子どもの家庭と家庭での子育て家庭の双方を対象にしており、子どものいる家庭の背景にかかわらず、子どもを安心して育てられる環境づくりを目指しています。

そして、この14事業においては、保育所等の保育施設だけでなく、乳児院等の児童福祉施設や地域の保健センター、子育て支援センターなど、子育てに関係するさまざまな専門機関やそこにいる専門職員が関わっています。

そのことから、子育て家庭をさまざまな側面から支援していこうとしていること、つまり、子どものいる家庭が安心して生活できる支援をするためには、その保護者が求めている支援に合わせて、その地域のさまざまな専門職の人々が専門分野の知識や技術を発揮して連携していくことが必要であることがわかります。

② 地域子育て支援拠点事業とは

まずここでは、子育て家庭にとってより身近な事業といえる「地域子育

図表13-5　地域子育て支援拠点事業

１．施策の目的

背景
・3歳未満児の約6〜7割は家庭で子育て
・核家族化、地域のつながりの希薄化
・自分の生まれ育った地域以外での子育ての増加
・男性の子育てへの関わりが少ない
・児童数の減少

課題
・子育てが孤立化し、子育ての不安感、負担感
・子どもの多様な大人・子どもとの関わりの減
・地域や必要な支援とつながらない

地域子育て支援拠点の設置
子育て中の親子が気軽に集い、相互交流や子育ての不安・悩みを相談できる場を提供

２．施策の内容

○一般型　公共施設、空き店舗、保育所等に常設の地域の子育て拠点を設け、地域の子育て支援機能の充実を図る取組を実施
○連携型　児童館等の児童福祉施設等多様な子育て支援に関する施設に親子が集う場を設け、子育て支援のための取組を実施

4つの基本事業
①子育て親子の交流の場の提供と交流の促進
②子育て等に関する相談、援助の実施
③地域の子育て関連情報の提供
④子育て及び子育て支援に関する講習等の実施

○更なる展開として
・地域の子育て支援活動の展開を図るための取組（一時預かり等）
・地域に出向き、出張ひろばを開設
・高齢者等の多様な世代との交流、伝統文化や習慣・行事の実施 等

▶ 公共施設や保育所、児童館等の地域の身近な場所で、乳幼児のいる子育て中の親子の交流や育児相談、情報提供等を実施
▶ NPOなど多様な主体の参画による地域の支え合い、子育て中の当事者による支え合いにより、地域の子育て力を向上

３．実施主体等

○実施主体
市町村（特別区を含む）
○負担割合
国（1/3）
都道府県（1/3）
市町村（1/3）
○実施か所数の推移

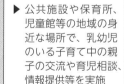

（単位：か所数）

H29年度	7,259
H30年度	7,431
R1年度	7,578
R2年度	7,735
R3年度	7,856

出典：こども家庭庁「地域子育て支援拠点事業とは（概要）」を一部改変
https://www.cfa.go.jp/assets/contents/node/basic_page/field_ref_resources/321a8144-83b8-4467-b70e-89aa4a5e6735/27848e02/20230401_policies_kosodateshien_shien-kyoten_01.pdf（2023年6月27日確認）

重要語句

『少子化社会対策白書』

→内閣府が出しているもので、「少子化社会対策基本法」第9条の規定に基づき、少子化の状況および少子化に対処するために講じた施策の概況について報告を行うものである。

て支援拠点事業」について理解を深めていきましょう（図表13-5）。2021年の『少子化社会対策白書』*において、地域の子育て支援拠点について次のように述べられています。

「子育て家庭等の負担感・不安感を軽減するため、子育て親子が気軽に集い、交流することができる場の提供や、子育てに関する相談・援助、地域の子育て関連情報の提供、子育て及び子育て支援に関する講習を行う『地域子育て支援拠点事業』を行っている」（『少子化社会対策白書』2021年）。

このようにみると、地域子育て支援拠点となる保育所や児童館、子育て支援センターなどで開かれている子育て広場は、子育て家庭の親子が遊びに来たり、子育てをする保護者同士や職員が交流をしたりする場であることがわかります。

そのなかで、「自分の子は○○遊びが大好きなんだ」「子育てで悩んでいるのは自分だけではない」「育児にはこういう方法もあるんだ」などといった気づきを得られるようになるのです。その積み重ねが、どの子育て家庭でも比較的陥りやすい育児不安を解消したり、改めて前向きに子育てに向き合える気持ちになり、その結果、保護者の「養育力」を高めていくことにつながっていきます。だからこそ、子育て家庭が気軽にこのような場に訪れて親子で楽しく過ごし、地域とつながっていくことに重要な意味があるのです。

2 地域における子育て家庭の支援の実際

ここでは、地域子育て支援拠点事業を展開していく場の実際についてみていきましょう。

1 保育所

保育所での子育て支援は、子育て家庭が保育所に来て気軽に子どもと同じくらいの年齢・月齢の子どもの様子を見たり、一緒に遊んだりできる場

写真13-1　離乳食試食会で配布したレシピ

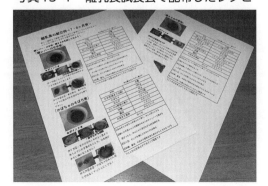

となることが大切です。また、保育士や看護師、栄養士など、子育てでの悩みごとについて適切な回答をしてくれる専門の職員がいるので、安心して子育て相談できる施設といえます。ここでは、保育所における子育て家庭に対する具体的な支援のいくつかを紹介していきます。

① 離乳食試食会

　保育所においてよく実施される子育て支援のなかに、「離乳食試食会」があります。離乳食試食会では、保育所に入所している子どもが食べる様子を見たり、保育所等の離乳食を実際に見たり、保護者が自分の子どもに食べさせたりしながら、栄養士や子育て支援担当保育士に助言をしてもらったりします。また、保護者が離乳食の味見をしたり、栄養士につくり方やつくるときのポイントを指導してもらうこともあるでしょう。保護者が「家でも試してみよう！」と思えることが大切なので、レシピ（写真13-1）なども配布して楽しく取り組めるよう工夫しています。

② 保育室・園庭の開放

　保育所で過ごす子どもたちと一緒に、保育室や園庭で遊ぶ取り組みも行っています。保育室や園庭は子どもが遊びやすい環境を整えているので、過度に危険について心配する必要もなく、安心して遊ぶことができます。

　子どもは、同じくらいの年齢や月齢の子どもたちと関わりながら一緒に遊ぶことができ、保護者は、自分の子どもやほかの子どもの遊ぶ様子を見たり、保育士の子どもへの関わりを見たり、育児に関する相談などをするなかで育児をするためのヒントを得る機会になります。それによって、保護者は、安心してホッとできるひとときになったり、保育所とのつながりができたりして、何かあったときにはより気軽に相談できる場所にもなっていくのです。

③ 行事への参加

　保育所で実施している行事に誘い、無理のない範囲で参加をしてもらっています（写真13-2）。季節を感じながら、親子一緒に楽しんでもらうひとときになります。

　保育所には0～6歳までの子どもがいて、行事に参加する多くの子どもの様子を見ながら、「○歳になったらこんな感じになるんだな」などと、子どもが大きくなることへの楽しみにもつながっていきます。

写真13-2　行事の様子

2 地域の子育て広場

　子育て広場とは、主に0～3歳児が親子で遊びに行ける場所で、どの自治体においても、保育所併設、児童館併設、単独での運営など、運営側はさまざまです。自分の自宅から気軽に遊びに行くことができ、生活圏も同じような子育て家庭が集まりやすい傾向にあることから、子育て家庭の保護者同士でつながる機会となり、お互いに子育てについて相談したり、協力し合えるような関係をもてるようになることが利点です。

　この関係は、子どもが成長するなかで、保育施設、小学校、中学校と続いていく保護者仲間にもなり、互いの子どもの成長を喜び合える関係にもなっていきます。これこそが、現在行われている日本の子育て支援の目指すところではないでしょうか。

　子育て広場を開いている時間は場所によって異なりますが、基本的にはいつでも遊びに来られる場所であり、親子の心地よい居場所になるように子育て支援担当者は温かく迎えています。また、保護者と子どもの様子について細やかに観察をして、それぞれの親子についての必要な支援についても考えながら関わるようにしているのです。

　ここでは、ある子育て支援広場で行われているイベントについて紹介します（図表13-6）。

図表13-6　実際に実施しているイベント例

・**大きくなったかな？**
　　身体測定：大きくなったかな!?
　　どれくらい発育したか確かめてみよう！
　　発育相談：保健師さんに気軽に相談してみよう！
・**離乳食・幼児食をつくってみよう！**
　　離乳食・幼児食：栄養士さんにつくり方のポイントをきいてみよう！
　　授乳・離乳食・幼児食相談：保健師さんに気軽に相談してみよう！
・**誕生会でお友だちをお祝いしよう！**
　　誕生日のお祝い：〇月生まれのお友だちをお祝いしよう！
　　プレゼント：手遊びやパネルシアターをみんなで楽しもう！
・**身体を動かして遊ぼう**
　　スキンシップ遊び：親子遊びを通してスキンシップすることを楽しもう！
　　体操タイム：全身を楽しく動かして体操しよう！
・**ゆっくり絵本の世界を楽しもう**
　　絵本の読み聞かせ：絵本の読み聞かせから心地よい絵本の世界を楽しもう！
　　絵本についてのお話：絵本の面白さについてみんなで話そう！
・**みんなでお出かけ**
　　遠足：広場から〇〇公園に遊びに行こう！
　　※おいしいお弁当も皆で食べようね！
・**親子で楽しむコンサート**
　　コンサート：吹奏楽団の生演奏を楽しもう！
　　※みんなの知っている曲もたくさん演奏してくれます！

保護者と子どもの双方が安心して楽しく過ごせるように創意工夫したイベントが行われているんですね。

3 地域で子育て家庭を支える支援の実際

1 保護者のわからなさを共感する

　ここでは、保護者が育児についてわからないことに共感する大切さについて事例をとおして考えていきましょう。

事例❶　ダメなの！　ダメ！（かいくん・2歳7か月）

　子育て支援センターに遊びに来たかいくんと母親。最近、かいくんは電車遊びが大好きで、遊びに来るなりすぐにレールをつなげて電車を走らせて楽しみます。母親は、そばについて一緒に遊んでいました。そこに、あとから遊びに来たたくやくんが隣で同じ電車遊びをしようとしたら、「ダメ！　かいくんが使うの！」と大きな声で叫びながら、たくやくんの手をつかんでレールを取ってしまいました。たくやくんは、びっくりして立ちつくしました。

　母親は、「レールたくさんあるじゃない、たくやくんごめんね……、貸してあげなさい」と話しますが、かいくんは、「ダメなの！　ダメ！」と怒りながら背中を向けます。母親は、「たくやくんも電車で遊びたいんだよ。お友だちと一緒に遊べないなら、ここでは遊べないよ。おうちに帰らないと」と厳しい口調でいいました。かいくんは、「やだ、やだ、かいくんの電車で遊ぶのー！」と大の字に寝転がって大泣きし始めました。母親は、「それはかいのわがままでしょ！　もう帰りましょ！」といって、たくやくんにはレールと電車が入っている箱を「ごめんね。どうぞ」と渡しました。それを見たかいくんは、さらに座りながら手足をバタバタさせて激しく泣き続けるのでした。

　その状況を見守っていた保育士が、かいくんと母親のそばに来ました。母親に「お母さん、大丈夫ですか？」と言葉をかけ、かいくんにも、「そうか、そうか、電車で遊びたいんだね」と言葉をかけました。母親は疲れた表情で、「最近のかいはいつもこうなんです。何でも『ダメ！　ダメ！』って言っては大泣きして。どうしてよいか……もうわからないんです」と話しだしました。保育士は、「そうなんですね。確かに困ってしまいますよね」と言いながら母親とやりとりをします。そして「でも、かいくんのこの姿、とてもすてきだと思いますよ。しっかり成長している証拠ですよ。イヤって思いっきり言えるのも今のうちですから」と、かいくんの姿を見ながら話しました。

　かいくんには「かいくんはちゃんと自分の気持ち伝えられるんだね。……ほら、ここ壊れちゃったよ、残念、残念！　直して遊ぼう！」などと優しく言葉をかけながら直しました。それでもかいくんは泣き続けていましたが、保育士が、「ここはどうしようか……待ってるね。教えてほしいな」などとつぶやき、タイミングを見て言葉かけをするとしだいに泣きやみ、再び遊び始めるのでした。

　この事例では、かいくんが強い自己主張をしたり、何でもイヤイヤばか

りいう姿に母親は困惑していることがうかがえます。子育て支援センターなどの親子で遊べる場では、ふだんの親子のやりとりや子どもへの母親の関わり方がみられることから、保育士はそのやりとりを見ながらタイミングよく関わり、保護者が自然に悩みや不安を話せるようにすることが何より重要です。そして、保護者が話す様子から、今何にわからなさを感じていてどのような思いを抱えているかを把握し、母親に寄り添い共感することを基盤にし、子育てについて一緒に考えていく機会にしていくとよいでしょう。

この事例の子育て家庭の支援を考えるには、2つのポイントがあります。

①子どもの発達過程への理解につなげる

かいくんの年齢のころは自分でいろいろなことができるようになり、強く自己主張し何でも自分でしたがったり嫌がったりする、いわゆる「イヤイヤ期*」といわれています。かいくんのような姿につき合う保護者は、「またか……」「どうしてこんなことばっかり……」と困った姿としてとらえ、ネガティブな思いになりがちです。

しかし、このような姿は、この時期のどの子どもにもみられる発達過程であり、この姿をとおして自己を獲得していくのです。そのように考えると、かいくんの姿はまさに順調に成長している証拠であり、むしろこの時期の子どもらしいすてきな姿ととらえていくことが大切です。また、思いっきり「イヤ！」と言えるのもこの時期だからこそでしょう。保護者は、日々の育児に追われて子どもの育ちに気づく機会をもてていない場合もあることから、まわりにいる大人が「すてきな成長をしているね」と伝えていくようにしましょう。

②イヤイヤ期の子どもへの関わり方を一緒に考える

かいくんのような姿が、確かに「イヤイヤ期」という子どもの発達過程であると理解できたとしても、その姿に対する保護者の関わりは一筋縄ではいかないでしょう。時間も必要ですし根気強くつき合っていくことも必要になります。また、保護者としては、まわりの人の目も気になるので、困惑したりイライラしたりしてしまいがちです。

だからこそ、このような子育て支援センターでは、保育士が「～してみるのもいいですよ」「ある保護者は～にしていますよ」などと、さり気なくアドバイスしながら、保育士がかいくんに対してモデルとなるような関わりを見せていくことが大切です。つまり、「イヤイヤ期」の子どもへの関わり方を教えるのではなく、さまざまな関わり方の提案をしながら、その保護者ができそうな関わり方を一緒に考えていくことが大切なのです。

このように、子育て家庭の保護者の支援は、支援の場だけでなく家に帰った後も、子どもへの関わり方を保護者なりに試したり挑戦したりすることができるような、前向きな気持ちをもてるようにすることが大切です。そして、「ぜひ、おうちでどうだったか今度教えてくださいね」と、次の機会に気軽に遊びに来られるような言葉かけも大切にしていきましょう。

重要語句

イヤイヤ期

→ 2歳前後から始まり、"何でもイヤ！"という子どもの姿がみられる。まわりの状況にかかわらず"これは違う！"と自分の思いを主張する姿であり、子どもの発達過程の一つととらえていくことが重要である。

2　子育ての親同士をつないでいく

　子育て支援の場では、保護者同士をつないでいき、子育ての仲間づくりをしていくことも大切となります。事例②から考えていきましょう。

事例❷　子育てする保護者同士で……

　午前中、児童館の親子広場に遊びに来ている親子4組（鈴木さん：9か月児、小松さん：1歳3か月児、所さん：1歳3か月児、伊藤さん：1歳6か月児）は、すでに子どもたちは好きな遊びをしていて、保護者同士で楽しそうに会話をしていました。

　そこに、5か月児を抱っこした小原さんが遊びに来ました。児童館に初めて来た小原さんは、緊張した表情で遊びスペースのすみにある赤ちゃんコーナーに座り、子どもをマットの上に寝かせました。すると、子育て支援担当者がそばに行き「お子さん、ねんねなのね。ご機嫌ですね……。お名前は？」と優しく言葉をかけ会話をしました。そのなかで小原さんが、「この子、夜に結構起きていて……、夜ばかり起きている子っているんでしょうか？」と質問しました。子育て支援担当者は、小原さんが心配になり、ほかの保護者がどんな様子なのか聞きたいのかもしれないと思いました。子育て支援担当者が「ちょっとあの保護者の方々に聞いてみましょうか？」と言うと小原さんは、「いいんですか？」と申し訳なさそうに答えました。

　子育て支援担当者が4組の保護者に、「すみません、ちょっと聞かせてください。お子さん5か月くらいのときに、夜ばかり起きていたことってありますか？」と質問すると、小松さんが「ありましたよ。うちの子はホント夜ばかり起きて騒がしくて、近所迷惑じゃないかってくらい。でも、お座りで遊び始めたり離乳食を始めたりしたら、身体を動かすこともあって、夜寝るようになりましたよ！」と教えてくれ、伊藤さんも「そうそう、そのときは本当に心配になるんですよね。わかります！」と答えてくれました。

　小原さんが「離乳食もあまり食べてくれなくて……」とポツリとこぼすと、鈴木さんが「まだ食べ始めかな……？」と質問し、小原さんは「そうです、まだ2週間くらいです」と答えました。鈴木さんは、「それなら心配しなくていいんじゃない？　そのうち食べるようになりますよ、うちの子もそうでしたよ。……よかったら一緒にお話ししませんか？」と小原さんを誘いました。その後、一緒に子育ての話をしながら過ごし、帰るころには小原さんには笑顔もみられるようになりました。

このような遊びの広場の保育士は、子育てについて何かを教えるというよりは、保護者同士で情報交換できるようなパイプ役をしているんですね。

　この事例では、小原さんが、子どもが寝ているのにもかかわらず児童館に来たという意味をしっかりと理解することが重要です。「おうちでゆっくり寝かしておけばいいのに……」とは思わず、「何か話したいことがあるのかもしれない」と言葉にならない気持ちに耳を傾けていく心持ちで関わっていくことが大切です。それを踏まえて、子育て支援を考えるには2つのポイントがあります。

①保護者の思いを傾聴しながら保護者の話を引き出すようにする

　子育て家庭の親子が遊びに来る場は、子育てをしている保護者同士が出

会う場でもあります。そこにはじめて遊びに来た小原さんは、子どもが楽しく過ごせるか（過ごしてほしい）」「ほかの保護者と話したり関わったりすることができるか（話したり関わったりしたい）」など、期待と不安が入り混じるような複雑な思いを抱えています。

　子育て支援担当者はその思いに寄り添い、リラックスできるようにやさしく言葉かけをするなどコミュニケーションをとることが大切です。そして、小原さんの気持ちや抱えている不安を引き出し、言葉にできる雰囲気をつくっていきます。そのなかで、小原さんの気持ちに共感し、肯定的に受け止めていきます。

②子育て支援担当者が保護者同士をつなげていくパイプ役になる

　このとき、保護者は、子育て支援担当者が正しい答えを伝えるよりは実際に育児をしている保護者がどうしているのかを聞きたいはずです。この事例では、子育て支援担当者がさり気なく保護者同士をつないでいきます。この子育て支援担当者の関わりが、気軽に子育てについて相談したり協力し合ったりできる仲間づくりとなるパイプ役になることも心がけていきましょう。

　以上のように、親子が遊びに来る場にいる子育て支援担当者は、日々忙しく育児する保護者を安心できるようにすること、保護者同士をつないでいくことなど、育児をする保護者の気持ちに合わせて適切な関わりをていねいに探っていき、実際にモデルになっていくなどの工夫をしていくことが求められています。

おさらいテスト

❶ 子育て家庭を支える［　　　　　］をしていくことが求められている。

❷ 子育て家庭を支えるために、地域のさまざまな［　　　　　］や方法によって支援を行っている実際がある。

❸ 保護者の育児に関する不安やわからなさを［　　　　　］しながら支援をすることが重要である。

子育て広場の見学から学ぼう

1．自宅の近くにある子育て広場の見学をしてみましょう。
①子育て広場の環境図をかきましょう。

[ ]

②各コーナーで子どもや保護者がどのように過ごしているのか観察して記録をしましょう。

[ ]

③子育て家庭の子どもや保護者にとって、子育て広場がどのような場となっているのかを
　考察しましょう。

[ ]

④①～③についてわかりやく紙面にまとめましょう。

[ ]

2．子育て広場を見学した内容について発表し合い、お互いに発表内容についてのフィー
　ドバックをしましょう。

[ ]

3．自分が子育て広場の職員として子育て家庭と関わるとき、どのように関わったり配慮
　をしたりしていきたいのか、グループで意見交換をしましょう。

[ ]

要保護児童等および その家庭に対する支援

今日のポイント

1. 「子どもの権利条約」の4つの原則に基づく子どもの権利を実現する。
2. 要支援児童等には、要支援児童、特定妊婦、保護者に監護させるのが不適当であると認められる児童が含まれる。
3. 要保護児童等を発見した者は、市役所、福祉事務所、児童相談所に通告しなければならない。

1 要保護児童と子どもの権利

1 「子どもの権利条約」：4つの原則と4つの権利

　1989年に国際連合で採択され、日本が1994年に批准*した「子どもの権利条約（児童の権利に関する条約）」に規定されている子どもの権利について、ユニセフは、4つの原則と4つの権利を提示しています（図表14-1）。

　すなわち、「子どもの権利条約」の締約国として、日本は①生命、生存及

図表14-1　「子どもの権利条約」：4つの原則と4つの権利

4つの原則	
生命、生存及び発達に対する権利 （命を守られ成長できること）	**子どもの最善の利益** （子どもにとって最もよいこと）
子どもの意見の尊重 （意見を表明し参加できること）	**差別の禁止** （差別のないこと）

4つの権利

生きる権利	**育つ権利**	**守られる権利**	**参加する権利**
住む場所や食べ物があり、医療を受けられるなど、命が守られること。	勉強したり遊んだりして、もって生まれた能力を十分に伸ばしながら成長できること。	紛争に巻きこまれず、難民になったら保護され、暴力や搾取、有害な労働などから守られること。	自由に意見を表したり、団体を作ったりできること。

出典：unicefホームページ「子どもの権利条約──『子どもの権利条約』4つの原則、『子どもの権利条約』に定められている権利」を一部加筆修正
https://www.unicef.or.jp/about_unicef/about_rig.html（2023年3月2日確認）

重要語句

批准

→批准とは、「子どもの権利条約」の内容を確認し守ることに同意することをいう。批准により、「条約が効力を生ずる時から2年以内に、その後は5年ごとに、この条約において認められる権利の実現のためにとった措置及びこれらの権利の享受についてもたらされた進歩に関する報告を国際連合事務総長を通じて委員会に提出することを約束する」（「児童の権利に関する条約」第44条第1項）の規定に基づき、報告する義務が生じる。

批准という同意の手続きにより、「子どもの権利条約」を発効した日本は、子どもの権利を実現するためにとった措置や取り組みを、児童の権利委員会に報告する義務が生じることになりました。

図表14-2　児童虐待相談対応件数の推移

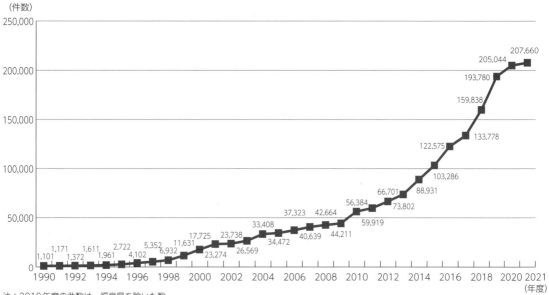

（件数）

注：2010年度の件数は、福島県を除いた数。
出典：こども家庭庁「社会的養育の推進に向けて」2023年をもとに作成
https://www.cfa.go.jp/assets/contents/node/basic_page/field_ref_resources/8aba23f3-abb8-4f95-8202-f0fd487fbe16/355512cb/20230401_policies_shakaiteki-yougo_68.pdf
（2023年6月27日確認）

び発達に対する権利（命を守られ成長できること）、②子どもの最善の利益（子どもにとって最もよいこと）、③子どもの意見の尊重（意見を表明し参加できること）、④差別の禁止（差別のないこと）という4つの原則に基づく子どもの権利を実現するための取り組みを進める必要があります。

　ところが、条約を批准した1994年には1,961件だった子ども虐待は、2021年度には20万7,660件と増加が続いています（図表14-2）。これは、子ども虐待の防止対策の取り組み過程で、2004年の「児童虐待の防止等に関する法律の一部を改正する法律」の成立により、「虐待を受けた児童」から「虐待を受けたと思われる児童」に通告範囲が拡大され、面前DVが心理的虐待の定義に追加されるなど規定が変わってきたことにもよります。それだけ、子ども虐待の早期発見・対応に迫られているといえます。

　その流れのなかで、2016年改正の「児童福祉法」第1条に、「全て児童は、児童の権利に関する条約の精神にのっとり、適切に養育されること、その生活を保障されること、愛され、保護されること、その心身の健やかな成長及び発達並びにその自立が図られることその他の福祉を等しく保障される権利を有する」と規定されました。つまり、不適切な養育や子ども虐待はどの家庭にも起こり得るという認識をもって子ども虐待を未然に防ぎ、子どもの権利を実現するために、子どもを中心に据えた支援を展開するという覚悟が支援者には求められているといえるのです。

家庭内で、恒常的に子どもの面前で夫婦間暴力が行われることは、子どもに心理的外傷を与える行為として心理的虐待にあたります。

虐待を受けた子どもに最善の生活環境を提供できるよう、被措置児童虐待の禁止は最重要です。

２　子どもの権利の実現を阻む子ども虐待と体罰

　子ども虐待については、保護者による児童虐待の定義（「児童虐待の防止

図表14-3　児童虐待と禁止規定

身体的虐待	性的虐待
児童の身体に外傷が生じ、又は生じるおそれのある暴行を加えること。（「児童虐待防止法」第2条第1項第1号）	児童にわいせつな行為をすること又は児童をしてわいせつな行為をさせること。（「児童虐待防止法」第2条第1項第2号）

何人も、児童に対し、虐待をしてはならない。（「児童虐待防止法」第3条）

児童虐待
この法律において、「児童虐待」とは、保護者（中略）がその監護する児童（中略）について行う次に掲げる行為をいう（「児童虐待防止法」第2条第1項）

ネグレクト	心理的虐待
児童の心身の正常な発達を妨げるような著しい減食又は長時間の放置、保護者以外の同居人による前2号又は次号に掲げる行為と同様の行為の放置その他の保護者としての監護を著しく怠ること。（「児童虐待防止法」第2条第1項第3号）	児童に対する著しい暴言又は著しく拒絶的な対応、児童が同居する家庭における配偶者に対する暴力（中略）その他の児童に著しい心理的外傷を与える言動を行うこと。（「児童虐待防止法」第2条第1項第4号）

図表14-4　被措置児童等虐待と禁止規定

身体的虐待	性的虐待
被措置児童等の身体に外傷が生じ、又は生じるおそれのある暴行を加えること。（「児童福祉法」第33条の10第1項第1号）	被措置児童等にわいせつな行為をすること又は被措置児童等をしてわいせつな行為をさせること。（「児童福祉法」第33条の10第1項第2号）

施設職員等は、被措置児童等虐待その他被措置児童等の心身に有害な影響を及ぼす行為をしてはならない。（「児童福祉法」第33条の11）

被措置児童等虐待
この法律で、被措置児童等虐待とは、小規模住居型児童養育事業に従事する者、里親若しくはその同居人、乳児院、児童養護施設、障害児入所施設、児童心理治療施設若しくは児童自立支援施設の長、その職員その他の従事者、指定発達支援医療機関の管理者その他の従事者、（中略）児童を一時保護する施設を設けている児童相談所の所長、当該施設の職員その他の従業者又は（中略）児童の一時保護を行う業務に従事する者（中略）が、委託された児童、入所する児童又は一時保護が行われた児童（中略）について行う次に掲げる行為をいう。（「児童福祉法」第33条の10第1項）

ネグレクト	心理的虐待
被措置児童等の心身の正常な発達を妨げるような著しい減食又は長時間の放置、同居人若しくは生活を共にする他の児童による前2号又は次号に掲げる行為の放置その他の施設職員等としての養育又は業務を著しく怠ること。（「児童福祉法」第33条の10第1項第3号）	被措置児童等に対する著しい暴言又は著しく拒絶的な対応その他の被措置児童等に著しい心理的外傷を与える言動を行うこと。（「児童福祉法」第33条の10第1項第4号）

プラスワン

「子ども虐待による死亡事例等の検証結果等について」

「子ども虐待による死亡事例等の検証結果等について」（報告書）は2004（平成16）年に「児童虐待等要保護事例の検証に関する専門委員会」が設置され、児童虐待の再発防止策を検討することとして、第1次報告書が出されてから2022年報告書が第18次報告書となる。

等に関する法律（児童虐待防止法）」第2条）と、児童福祉施設等の職員等による被措置児童等虐待の定義（「児童福祉法」第33条の10）および虐待の禁止（「児童虐待防止法」第3条、「児童福祉法」第33条の11）が規定されています（図表14-3、図表14-4）。虐待の定義としては、①身体的虐待、②性的虐待、③ネグレクト、④心理的虐待の4つがあげられています。

　図表14-2で示した2021年度の虐待相談対応件数20万7,660件のう

ち、約6割は心理的虐待となっています。一方、最も深刻な虐待による子どもの死亡事例をみると、「子ども虐待による死亡事例等の検証結果等について（第18次報告）の概要」（厚生労働省、2022年）では、近年、ネグレクト事例が多く発生している要因として、養育能力の低さや育児不安、10代での妊娠・出産やひとり親家庭であった生育歴、妊婦健診未受診の割合が高いことがあげられると述べられています。そのため、「虐待の発生予防及び早期発見」、「関係機関の連携及び役割分担による切れ目のない支援」などが提言されています。

　ネグレクトを未然に防ぐために、特定妊婦や要支援児童となりやすい10代での妊娠・出産や妊婦健診未受診の状態を早期に発見し、妊娠から出産、養育までの切れ目のない継続支援が重要であるといえます。

　一方、しつけと称し、虐待を否認する保護者の**懲戒**による虐待死亡事例が続いたことを踏まえ、児童虐待防止の強化を図るため、2019年「児童虐待防止法等の一部を改正する法律」の成立および2022年12月「民法等の一部を改正する法律」の成立により、**親権を行う者**の懲戒の規定が削除され、親権を行う者および児童福祉施設等の職員等による体罰の禁止（「児童虐待防止法」第14条第1項、「児童福祉法」第33条の2第2項および第47条第3項、「民法」第821条）が規定されました（図表14-5）。

　このように、法律で禁止した体罰によらない子育てを推進する啓発の取り組みとして、厚生労働省では、子どもの「身体に、何らかの苦痛を引き起こし、又は不快感を意図的にもたらす行為（罰）」（体罰）と、「子どもの人格や才能等を伸ばし、社会において自律した生活を送れるようにすること等の目的から、子どもをサポートして社会性を育む行為」（しつけ）との違いについて啓発しています（厚生労働省「体罰等によらない子育てのために～みんなで育児を支える社会に～」2020年）。

プラスワン

14コマ目　要保護児童等およびその家庭に対する支援

懲戒
2022年12月、民法等の一部を改正する法律の成立により、「親権を行う者は、監護及び教育に必要な範囲内でその子を懲戒することができる」（「民法」旧第822条）という、親に認められていた懲戒の行為が削除され、親権を行う者の体罰の禁止規定（「民法」第821条）が新設された。

親権を行う者
「成年に達しない子は、父母の親権に服する」（「民法」第818条）と規定され、未成年者の父母をさす。

図表14-5　体罰の禁止規定

児童の親権を行う者は、児童のしつけに際して、児童の人格を尊重するとともに、その年齢及び発達の程度に配慮しなければならず、かつ、体罰その他の児童の心身の健全な発達に有害な影響を及ぼす言動をしてはならない。（「児童虐待防止法」第14条第1項）

児童相談所長は、一時保護が行われた児童で親権を行う者又は未成年後見人のあるものについても、監護及び教育に関し、その児童の福祉のため必要な措置をとることができる。この場合において、児童相談所長は、児童の人格を尊重するとともに、その年齢及び発達の程度に配慮しなければならず、かつ、体罰その他の児童の心身の健全な発達に有害な影響を及ぼす言動をしてはならない。（「児童福祉法」第33条の2第2項）

児童福祉施設の長、その住居において養育を行う（中略）里親は、入所中又は受託中の児童で親権を行う者又は未成年後見人のあるものについても、監護及び教育に関し、その児童の福祉のため必要な措置をとることができる。この場合において、施設長等は、児童の人格を尊重するとともに、その年齢及び発達の程度に配慮しなければならず、かつ、体罰その他の児童の心身の健全な発達に有害な影響を及ぼす言動をしてはならない。（「児童福祉法」第47条第3項）

親権を行う者は、前条の規定による監護及び教育をするに当たっては、子の人格を尊重するとともに、その年齢及び発達の程度に配慮しなければならず、かつ、体罰その他の子の心身の健全な発達に有害な影響を及ぼす言動をしてはならない。（「民法」第821条）

通告

→要保護児童を発見
した者は、これを市町
村、都道府県の設置
する福祉事務所若しく
は児童相談所又は児
童委員を介して市町
村、都道府県の設置
する福祉事務所若し
くは児童相談所に通
告しなければならない。
ただし、罪を犯した満
14歳以上の児童につ
いては、この限りでな
い。この場合において
は、これを家庭裁判所
に通告しなければなら
ない（「児童福祉法」
第25条）。

プラスワン

子どもに関わる専門家

子どもに関わる専門
家とは、児童虐待を発
見しやすい立場にあり、
早期発見に努める者
として、「児童虐待防
止法」第5条に規定さ
れている、学校の教職
員、児童福祉施設の
職員、医師、歯科医師、
保健師、助産師、看
護師、弁護士、警察官、
女性相談支援員その
他児童の福祉に職務
上関係のある者が該
当する。また、それら
の者は、「要支援児童
等と思われる者を把握
したときは、当該者の
情報をその現在地の
市町村に提供するよ
う努めなければならな
い」（「児童福祉法」第
21条の10の5）と規
定されている。

2 要支援児童等および要保護児童に対する支援

1 要支援児童等および要保護児童の発見・通告・連携の流れ

① 発見・通告

「要支援児童等」とは、「児童福祉法」第6条の3第5項に規定される、要支援児童（保護者の養育を支援することが特に必要と認められる児童とその保護者）、保護者に監護させることが不適当であると認められる児童およびその保護者、特定妊婦（出産後の養育について出産前において支援を行うことが特に必要と認められる妊婦）のことをいい、「要保護児童」とは、「児童福祉法」第6条の3第8項に規定される、保護者のない児童または保護者に監護させることが不適当であると認められる児童を含みます（図表14-6）。

これらの「要支援児童等」と「要保護児童」を発見した者は通告*しなければならないという規定（「児童福祉法」第25条）に基づき、通告の義務が課せられています。これについては、2004年の「児童虐待防止法改正法」により、通告の対象が、「『児童虐待を受けた児童』から『児童虐待を受けたと思われる児童』に拡大されており、これにより必ずしも虐待の事実が明らかでなくても、子どもに関わる専門家によって子どもの安全・安心が疑われると思われる場合はもちろんのこと、一般の人の目から見て主観的に子どもの安全・安心が疑われる場合であれば、通告義務が生じる」（厚生労働省「子ども虐待対応の手引き（平成25年8月改正版）」2013年、36頁）ことになりました。

また、「要保護児童等」を発見・把握しやすい立場にある子どもに関わる専門家は、早期発見に努め（「児童虐待防止法」第5条）、市町村に情報提供しなければならないと規定（「児童福祉法」第21条の10の5）されています。

「保育所保育指針」では、通告について次のように規定しています。

> 「保育所保育指針」第3章1（1）「子どもの健康状態並びに発育及び発達状態の把握」
> ウ　子どもの心身の状態等を観察し、不適切な養育の兆候が見られる場合には、市町村や関係機関と連携し、児童福祉法第25条に基づき、適切な対応を図ること。また、虐待が疑われる場合には、速やかに市町村又は児童相談所に通告し、適切な対応を図ること。

つまり、子どもに関わる専門家として子どもの身近にある保育所（保育士）は、不適切な養育や虐待が疑われる場合には、子どもの最善の利益の考慮のため、早期発見・情報提供・通告の義務を果たさなければならないのです。

図表14-6　要保護児童対策地域協議会の支援対象者と発見・通告の流れ

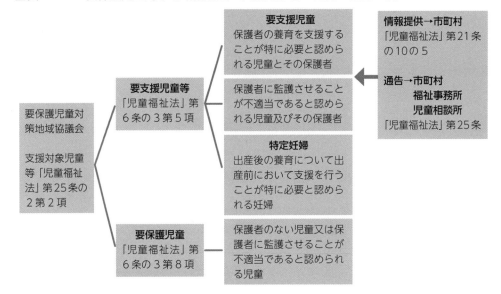

② 情報共有・連携

　地方公共団体は、情報その他適切な保護または適切な支援を図るために必要な情報の交換を行うとともに、支援対象児童等に対する支援の内容に関する協議を行う（「児童福祉法」第25条の2第2項）ために、関係機関等により構成される要保護児童対策地域協議会＊を置くように努めなければならないと規定（「児童福祉法」第25条の2第1項）されています（図表14-6）。

　また、構成機関には、要保護児童対策調整機関としての役割を担う市区町村子ども家庭総合支援拠点のほか、保育所、幼稚園、児童福祉施設が構成機関に含まれます。

　「保育所保育指針」には、不適切な養育が疑われた家庭への支援について次のように規定されています。

> 「保育所保育指針」第4章2（3）「不適切な養育等が疑われる家庭への支援」
> イ　保護者に不適切な養育等が疑われる場合には、市町村や関係機関と連携し、要保護児童対策地域協議会で検討するなど適切な対応を図ること。また、虐待が疑われる場合には、速やかに市町村又は児童相談所に通告し、適切な対応を図ること。

　つまり、保育所は、早期発見・情報提供・通告、さらには、要保護児童対策地域協議会を構成する機関として情報共有のうえ、関係機関と連携による保育所としての役割（適切な対応）を果たすことが求められています。

重要語句

要保護児童対策地域協議会

→「要保護児童若しくは要支援児童及びその保護者又は特定妊婦（以下この項及び第5項において「支援対象児童等」という。）に関する情報その他要保護児童の適切な保護又は要支援児童若しくは特定妊婦への適切な支援を図るために必要な情報の交換を行うとともに、支援対象児童等に対する支援の内容に関する協議を行うものとする」（「児童福祉法」第25条の2第2項）。

重要語句

伴走型支援

→「深刻化する『社会的孤立』に対応するため『つながり続けること』を目的とした支援」（奥田ほか、2021、10頁）をさす。同書では、「つながり」は対等でなければならないため、伴走型支援は、「支える側」と「支えられる側」の固定化は解消されなければならないとしている。

伴走型支援は、「本人主体の尊重」を重視するため、困りごとを抱える「本人参加」は欠かせません。不安の要因となっている困りごと（たとえば、相談する人がいない、育児に自信がもてないなど）に着目しましょう。そのことを保護者に語ってもらうことが本人参加につながります。

バイスティックの7原則の一つである受容とは、「保護者を受けとめる」ということでしたね（➡6コマ目参照）。

2 保育所による要保護児童等に対する支援

① 保護者主体および子ども主体の予防的支援

　子どもに関わる専門家のなかで最も身近にいる保育士の存在は大きいといえます。なぜならば、保育所において、子どもや保護者との出会いの段階は、多くの場合、要保護児童等の状態になる前だからです。つまり、要保護児童等になることを未然に防ぐために、「保育所保育指針」に規定される「育児不安等が見られる場合」の「保護者の希望に応じて個別の支援」を行うことは、予防的支援として重要となります。

> 「保育所保育指針」第4章2（3）「不適切な養育等が疑われる家庭への支援」
> ア　保護者に育児不安等が見られる場合には、保護者の希望に応じて個別の支援を行うよう努めること。

　そこで、「不安」にともなう保護者の言動をそのまま受容する姿勢が重要となり、保育士には、日常的・継続的に、ていねいに「保護者の語りを聴く」対応が求められます。これを積み重ねることにより、保護者が、「私は一人ではない」という保育士とつながる実感がもてるようになる、すなわち、「『つながる－ひとりにしない』ことに着目した」（奥田知志・原田正樹編『伴走型支援――新しい支援と社会のカタチ』有斐閣、2021年、10頁）伴走型支援*を展開するための基盤となる関係が構築されていくのです。なぜならば、「不安」の要因となる困りごとを保護者が主体的に軽減していくために、主体者となる保護者の参加は欠かせません。それゆえ、伴走型支援を進めていくには、保護者を主体とした協働を可能とする関係構築が最も重要となるのです。

　一方、保育士が担う「子ども主体」＝「子ども参加」による予防的支援とはどのようなことでしょうか。家庭内に生じる諸要因により生じた子どもの「不安」や「困りごと」は大人に届きにくく、放置されることにより子どもの最善の利益が損なわれる場合があります。このことを踏まえ、子どもの最善の利益の考慮につながる「子ども主体」＝「子ども参加」を具体化するために、子どもの語りに着目する必要があるのです。つまり、保育士には、「子どもの語りを聴く」対応が求められます。このことは、演習課題（175頁）で学ぶこととします。

② 関係機関との連携による支援

　不適切な養育等や虐待が疑われる場合には、「保育所保育指針」第4章2（3）「不適切な養育等が疑われる家庭への支援」の規定に基づき、市町村や関係機関と連携すること、要保護児童対策地域協議会で検討することが必要です。連携や検討を進めていくために保育所に求められているのは、日常のケアを通して、不適切養育や虐待が疑われる手がかりを集めることです。「保育所保育指針解説」には、「子どもの身体、情緒面や行動、家庭における養育等の状態について、普段からきめ細かに観察するとともに、保護者や家族の日常の生活や言動等の状態を見守ることが必要である。それ

らを通して気付いた事実を記録に残すことが、その後の適切な対応へとつながることもある」と述べられています（「保育所保育指針解説」第3章1（1）「子どもの健康状態並びに発育及び発達状態の把握」ウ）。

　つまり、不適切な養育や虐待が疑われる手がかりは、日々の保育のなかでの子どもや保護者との関わりから見つかるといえます。「なんだか元気がないみたい」「この傷は昨日もあったかしら」「この服は洗濯されているかしら」「お母さんが怒りっぽくなったみたい」「欠席や遅刻が多くなった」など、子どもや保護者の変化を把握すること、なぜ変化したかを考えようとすることが保育士に求められています。そして集めた手がかりを記録し、それを根拠に関係機関と連携し、要保護児童対策地域協議会で情報共有し検討する力をもつことが重要です。

　また、「保育所保育指針」には、地域の子どもを巡る諸問題への対応についても次のように規定されています。

「保育所保育指針」第4章3（2）「地域の関係機関等との連携」
イ　地域の要保護児童への対応など、地域の子どもを巡る諸課題に対
　し、要保護児童対策地域協議会など関係機関等と連携及び協力して
　取り組むよう努めること。

　この規定に対し、「保育所による地域の保護者等に対する子育て支援を通して、地域の子どもや子育て家庭を巡る諸問題の発生を予防又は早期に察知し、その解決に寄与することは重要である。特に、保護を必要とする子どもへの対応に関しては、極めて重大な役割を担っている」（「保育所保育指針解説」第4章3（2）「地域の関係機関等との連携」イ）と述べられています。つまり保育所は、関係機関との連携により、要支援児童等含む家庭の状況を把握し、状況を深刻化させないよう予防的支援に努めることが求められています。

おさらいテスト

❶ 「子どもの権利条約」の4つの［　　　　　］に基づく子どもの［　　　　　］
　を実現する。

❷ 要支援児童等には、［　　　　］、［　　　　　］、保護者に監護させるの
　が不適当であると認められる児童が含まれる。

❸ 要保護児童等を発見した者は、［　　　　］、福祉事務所、児童相談所
　に［　　　　］しなければならない。

プラスワン

構成する関係機関

児童福祉関係（市町村担当部局、児童相談所、福祉事務所、保育所、児童福祉施設、児童館、利用者支援事業所、地域子育て支援拠点、民生・児童委員等）、保健医療関係、教育関係（学校、幼稚園等）、警察・司法・人権擁護関係、配偶者からの暴力関係等が該当する（厚生労働省、2021年、8-9頁）。

14 コマ目　要保護児童等およびその家庭に対する支援

話し合ってみよう

- -

　体罰等によらない子育てを推進する啓発の取り組みのために作成されたパンフレット「たたかれていい子どもなんて、いないんだよ。（令和3年度）」（厚生労働省）に、体罰および子どもの心を傷つける行為について次のように記載されています。

○このような行為はすべて体罰です
- ・言葉で3回注意したけど言うことを聞かないので、頬を叩いた
- ・大切なものにいたずらをしたので、長時間正座をさせた
- ・友達を殴ってケガをさせたので、同じように子どもを殴った
- ・他人のものを取ったので、お尻を叩いた
- ・宿題をしなかったので、夕ご飯を与えなかった
- ・掃除をしないので、雑巾を頭に押しつけた

○直接的・身体的な行為でなくても、子どもの心を傷つけることは子どもの権利を侵害します
- ・子どもの前で妻に暴力を振るった
- ・お前なんか生まれてこなければよかったと言った
- ・兄妹と比べてお前はだめな子だと言った

出典：厚生労働省「たたかれていい子どもなんて、いないんだよ。（令和3年度）」
https://www.mhlw.go.jp/no-taibatsu/assets/pdf/kodomo_kenri_pamphlet_A4.pdf（2023年3月3日確認）

①第1節で示した、体罰としつけの違いを踏まえて、体罰や子どもの心を傷つける行為が子どもにどのような影響を及ぼすのか、グループで話し合いましょう。

②グループで話し合ったことを、クラスで報告し合いましょう。

演習課題✏

考え、話し合ってみよう

- -

次の事例を読んで、1 ～ 3 に取り組みましょう。

> **事例**　**保育所における予防的支援**
>
> 母：早苗さん（30 歳）。次男出産後育休中で、半年後に復職予定。父：孝さん（30 歳）。3 週間の育休をとり復職。長男：しょうたくん（3 歳）、 次男：ひろきくん（1 か月）。
>
> 　しょうたくんは、1 か月前に弟のひろきくんが生まれ、「お兄ちゃんになったね」「1 人でできるようになってママは助かるわ」と言われ、最初はうれしそうでした。しかし、「ママ見て」と言っても、「お兄ちゃんだからちょっと待っててね」と言われることが多くなりました。孝さんの帰りが遅い日は、早苗さんはひろきくんの世話が大変なため、しょうたくんに大きな声で怒ることがあり、しょうたくんは早苗さんが怖いと感じるようになりました。そのため、ひろきくんが生まれたことや、お兄ちゃんになったことがうれしく思えなくなりました。ひろきくんが生まれる前は、休みの日には孝さんと外で遊ぶことがありましたが、ひろきくんが生まれてからは孝さんも、ひろきくんの世話をすることがあり、外で遊んでくれなくなりました。
>
> 　そんなある日、保育所で友だちのだいすけくんとけんかして、だいすけくんをたたいてしまいました。田中先生にしかられたしょうたくんは、泣きながら話し始めました。
>
> 　「ママはぼくのことを大きな声で怒って、とっても怖いんだ。パパも遊んでくれなくなった。ひろきが生まれたから、ママもパパも僕のこと、いらなくなったのかな……」。

1．各自で次の 2 点について考えましょう。
①保護者の困りごとは何かを考えましょう。
②子どもの困りごとは何かを考えましょう。

2．グループで考えましょう。
① 1 で考えたことを報告し合い、父母と子ども双方の困りごとについてまとめましょう。
②①の困りごとを軽減するために、保育所としてどのようなことができるかを考えましょう。

3．2 について、クラス全体で発表しましょう。

子ども家庭支援に関する現状と課題

1 市区町村における子ども家庭支援

1 包括的な支援体制の整備

　子ども虐待が増加するなか、妊娠期から子育て期まで切れ目のない支援体制を強化していく必要性等から、2016年、「児童福祉法の一部を改正する法律」が成立し、すべての児童は、「保障される権利*を有する」(第1条)ことを明確にし、市町村の拠点の整備に努めなければならないことが規定

図表15-1　市町村における子ども家庭相談の流れ

ポピュレーション・アプローチとしての乳児家庭全戸訪問事業・乳幼児健康診査等・学校教育における家庭訪問等を通しての「気になる子ども」・「気になる妊婦・養育者」への気づき

「気になる子ども」・「気になる妊婦・養育者」についての相談受理

子どもの安心・安全の確認、養育者への支援の視点に立った家族全体のアセスメント

初期アセスメント

①**緊急度アセスメント**：「子どもの安全にかかわる危機」の有無の確認
②**リスクアセスメント**：「子どもの安全にかかわる危機が現時点では起こっていないが、近い将来起こる可能性があり、それが子どもに対して重大な危害を及ぼす可能性がある」の有無の確認
③**ニーズアセスメント**：必要な支援の確認

要支援・要保護の段階(グレード)の決定

出典：厚生労働省「市町村子ども家庭支援指針(ガイドライン)」2021年、25頁

✏️ **重要語句**

保障される権利

→「全て児童は、児童の権利に関する条約の精神にのつとり、適切に養育されること、その生活を保障されること、愛され、保護されること、その心身の健やかな成長及び発達並びにその自立が図られることその他の福祉を等しく保障される権利を有する」(「児童福祉法」第1条)。

されました。なぜならば、「虐待相談対応件数の 9 割以上の子どもは、**在宅支援***となっている」（厚生労働省「社会保障審議会 児童部会 新たな子ども家庭福祉のあり方に関する専門委員会報告（提言）」2016 年、10 頁）と述べられているように、**要支援児童等および要保護児童***、すなわち、「保障される権利」を十分に保障されていない子どもの多くは、在宅支援を必要としているからです。

そのため、図表 15-1 に示されるとおり、市町村の子ども家庭相談は、「気になる子ども」「気になる妊婦・養育者」の発見からアセスメントまでの流れが一体的に行われることが重要となります。

発見には、**ポピュレーションアプローチ***による発見と、保育所等子育て支援や関係機関からの情報・通告などによる発見の 2 つのルートがあります。これら 2 つのルートによる情報についてアセスメントを行い、要支援・要保護の段階（グレード）を決定します。これについて、「ポピュレーションアプローチを主として母子保健が担い、ハイリスク家庭支援を主として子ども家庭福祉が担うとしても、双方がその支援全体に関する知識を共有すべきである」（厚生労働省「新しい社会的養育ビジョン」2017 年、16 頁）と述べられています。つまり、保障される権利を十分に保障されていない子どもの権利を保障するには、子ども家庭福祉と母子保健の支援者双方が、情報共有できる関係の構築が重要となります。

このような課題を踏まえ、2022 年成立した「児童福祉法の一部を改正する法律」において、子育て世帯に対する包括的な支援のための体制を強化することから、市区町村はこども家庭センターの設置（「児童福祉法」第 10 条の 2 ）および、地域子育て相談機関の整備（「児童福祉法」第 10 条の 3 ）に努めなければならないことが規定されました。こども家庭センターとは、「子ども家庭総合支援拠点（児童福祉）と子育て世代包括支援センター（母子保健）の設立の意義や機能は維持した上で組織を見直し、全ての妊産婦、子育て世帯、子どもへ一体的に相談支援を行う機能を有する機関（こども家庭センター）」（厚生労働省「児童福祉法の一部を改正する法律（令和 4 年法律第 66 号）の概要」2022 年）となります（図表 15-2）。

つまり、こども家庭センターは、児童および妊産婦の福祉に関する包括的な支援を行うことを目的としたソーシャルワークの機能を担い、区域ごとに整備される地域子育て相談機関と密接に連携を図り、市町村の業務を遂行する役割を担っているのです。また、地域子育て相談機関の役割を担うことを想定して、保育所には、相談対応を可能とする力を備えることが求められているのです（図表 15-3）。そのために、「保育所等における要支援児童等対応推進事業」の実施に向けて、保護者の状況に応じた相談支援などの業務を行う地域連携推進員の配置を促進する必要があります（厚生労働省「保育所等における要支援児童等対応推進事業実施要綱」「多様な保育促進事業の実施について（別添 8 ）」2021 年）。

このように、2023 年 4 月、こども家庭庁の設置に伴い、市区町村の包括的な支援体制の整備が推進されることになりました。

📝 語句説明

在宅支援

→「市区町村が設置する『地域子ども家庭支援拠点』がこれを中心となって担い、必要に応じて児童相談所と共同し、通所・在宅支援（養育支援、家事支援等）を行うものとする」（厚生労働省、2016 年、10 頁）。

要支援児童等および要保護児童とその保護者および特定妊婦

➡ 14 コマ目参照

📝 重要語句

ポピュレーションアプローチ

→疾病予防や悪化を防ぐ取り組みとして、「ポピュレーションアプローチは集団全体を対象にする取組み」とされている（日本看護協会健康政策部保健師課、2018 年、8 頁）。また、母子保健における虐待予防の取り組みとして乳幼児健康診査等があげられる。

図表15-2　市区町村拠点の整備の方向性

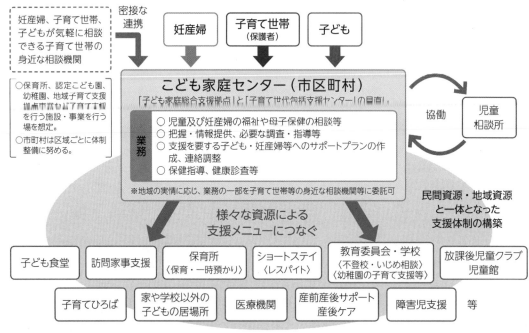

出典：厚生労働省「児童福祉法等の一部を改正する法律（令和4年法律第66号）の概要」をもとに作成
https://www.mhlw.go.jp/content/11920000/000957236.pdf（2023年7月10日確認）

図表15-3　市町村の業務を担うこども家庭センターと地域子育て相談機関

市町村の業務
【「児童福祉法」第10条】 ①児童及び妊産婦の福祉に関し、必要な実情の把握に努めること。 ②児童及び妊産婦の福祉に関し、必要な情報の提供を行うこと。 ③児童及び妊産婦の福祉に関し、家庭その他からの相談に応ずること、並びに必要な調査及び指導を行うこと並びにこれらに付随する業務を行うこと。 ④児童及び妊産婦の福祉に関し、心身の状況等に照らし包括的な支援を必要とすると認められる要支援児童等その他の者に対して、これらの者に対する支援の種類及び内容その他の内閣府令で定める事項を記載した計画の作成その他の包括的かつ計画的な支援を行うこと。 ⑤前各号に掲げるもののほか、児童及び妊産婦の福祉に関し、家庭その他につき、必要な支援を行うこと。

市町村の
業務を担う

こども家庭センター	地域子育て相談機関
【「児童福祉法」第10条の2】 〔第2項〕こども家庭センターは、次に掲げる業務を行うことにより、児童及び妊産婦の福祉に関する包括的な支援を行うことを目的とする施設とする。 ①市町村の業務、②機関との連絡調整、③支援を行う者の確保・体制の整備、④必要な支援 〔第3項〕こども家庭センターは、前項各号に掲げる業務を行うに当たつて、次条第1項に規定する地域子育て相談機関と密接に連携を図るものとする。	**【「児童福祉法」第10条の3】** 〔第1項〕市町村は、地理的条件、人口、交通事情その他の社会的条件、子育てに関する施設の整備の状況等を総合的に勘案して定める区域ごとに、その住民からの子育てに関する相談に応じ、必要な助言を行うことができる地域子育て相談機関（中略）の整備に努めなければならない。 〔第2項〕地域子育て相談機関は、前項の相談及び助言を行うほか、必要に応じ、こども家庭センターと連絡調整を行うとともに、地域の住民に対し、子育て支援に関する情報の提供を行うよう努めなければならない。

2　子育て支援の場の整備

　2020年の「新子育て安心プラン」（2021～2024年度末）では、4年間で約14万人の保育の受け皿を整備することを目標に、地域の特性に応じた支援、魅力向上を通じた保育士の確保、地域のあらゆる子育て資源の活用が提示されました（図表15-4）。

　新子育て安心プランを進めるなかで、「地域における保育所・保育士等の在り方に関する検討会取りまとめ」（厚生労働省、2021年）では、次の4つについて課題があげられています。①一時預かり事業の利用促進、②発達支援や配慮が必要な児童への支援、③地域の子育て支援、④保育士の確保・資質向上です。

　①については、「保護者や児童が地域につながる目的で利用でき、地域の中で共に子育てをするための気軽に利用できる支援策である」という周知により利用促進を図る必要があります。

　②については、「多様なニーズを受け入れる上で、それぞれに求められるスキルや専門知識等が異なることから、職員への研修等の在り方についても引き続き検討・推進する必要」とされる点から、発達支援や配慮が必要な児童への支援を進めていくためには、職員への研修等のあり方を検討していくことは重要な課題といえます。

　③については、「保育の現場で働く職員が納得感をもって地域支援に取り組むことができるよう、こうした役割を保育所が担っていく趣旨や意義について、発信していくことも重要である」というように、受け入れ側の体制を整える必要があります。

　④については、「保育を必要とする児童・家庭が、良質な保育を受けられるよう、保育士の資質向上に向けた取組は、保育士の需給状況にかかわらず引き続き重要である」と述べているとおり、保育士の確保・資質向上は課題といえます。

2016年成立の「児童福祉法の一部を改正する法律」において規定された、子ども家庭総合支援拠点（「児童福祉法」）と子育て世代包括支援センター（「母子保健法」）が、2022年成立の「児童福祉法の一部を改正する法律」において、見直されました。

地域連携推進員は、保育士等が有する専門性を生かした保護者の状況に応じた相談支援、市町村等と要支援児童等の情報共有、要保護児童対策地域協議会等への参加等を業務とします。

15コマ目　子ども家庭支援に関する現状と課題

図表15-4　新子育て安心プラン

新子育て安心プラン（2021～2024年度末） 4年間で約14万人分の保育の受け皿を整備する。	
地域の特性に応じた支援	必要な方に適切に保育が提供されるよう、地域の課題をていねいに把握しつつ、地域の特性に応じた支援を実施。 ・保育ニーズが増加している地域への支援 ・マッチングの促進が必要な地域への支援 ・人口減少地域の保育のあり方の検討を進める
魅力向上を通じた保育士の確保	保育士が生涯働ける魅力ある職場づくりを推進するとともに、職業の魅力を広く発信する。
地域のあらゆる子育て資源の活用	利用者のニーズにきめ細かく対応するため、幼稚園・ベビーシッターなど、地域のあらゆる子育て資源を活用する。

出典：厚生労働省「新子育て安心プランの概要」2020年をもとに作成
https://www.mhlw.go.jp/content/11920000/000717624.pdf（2023年3月6日確認）

2 子ども家庭支援の質の向上

1 不適切な保育を未然に防ぐ取り組み

不適切な保育*の具体的な行為類型としては、「不適切な保育に関する対応について　事業報告書」（キャンサースキャン、2021年、3頁）に、次の5点があげられています。

①子ども一人一人の人格を尊重しない関わり

②物事を強要するような関わり・脅迫的な言葉がけ

③罰を与える・乱暴な関わり

④子ども一人一人の育ちや家庭環境への配慮に欠ける関わり

⑤差別的な関わり

不適切な保育が生じる背景には、「"保育士一人一人の認識"の問題（子どもの人権や人格尊重の観点に照らして、どのような子どもへの関わり方が適切なのかを十分に理解していない）と、"職場環境"の問題（施設における職員体制が十分でないなど、適切でない保育を誘発する状況が生じている）がある」（キャンサースキャン「不適切な保育に関する対応について　事業報告書」2021年、5頁）と考えられます。そのため、不適切な保育が生じる要因となる「保育士の認識の問題」「職場環境の問題」を発生させない取り組みは重要となります。

そこで、「保育所保育指針」と照らし合わせてみると、保育所が「子どもの最善の利益を考慮し、その福祉を積極的に増進することに最もふさわしい生活の場」（「保育所保育指針」第1章1（1）「保育所の役割」）であるためには、「職員の資質向上を図ることなど、運営に関わる取組が、保育の内容とは切り離せない関係にある」（「保育所保育指針解説」第1章「総則」）と述べられています。つまり、不適切保育を生じさせる「保育士の認識の問題」および「職場環境の問題」への対応については、職員の資質向上および職場環境改善等、運営に関わる取り組みに努めることが課題といえます。

「保育所保育指針」第1章1（1）「保育所の役割」

ア　保育所は、児童福祉法（昭和22年法律第164号）第39条の規定に基づき、保育を必要とする子どもの保育を行い、その健全な心身の発達を図ることを目的とする児童福祉施設であり、入所する子どもの最善の利益を考慮し、その福祉を積極的に増進することに最もふさわしい生活の場でなければならない。

不適切な保育を未然に防ぐ保育所、市区町村、都道府県の役割については、図表15-5に示すとおりです。

詳述すると、保育所は、子どもの最善の利益を考慮した適切な保育を行います。そのために、①保育士に対する教育・研修の実施、②第三者評価

✏️ 重要語句

不適切な保育

不適切な保育とは、「保育所での保育士等による子どもへの関わりについて、保育所保育指針に示す子どもの人権・人格の尊重の観点に照らし、改善を要すると判断される行為」とする（キャンサースキャン、2021年、3頁）。

📝 プラスワン

不適切な保育

2022年12月、静岡県の私立保育園で、頭を殴ったり、足をつかみ宙ずりにしたりする園児への暴力行為が発覚し、3人の元保育士が逮捕された。このように保育所での虐待行為や不適切な保育が表出し始めていることから、子どもの安全・安心の場である保育所の質が問われることになった。

図表15-5　不適切な保育の未然防止のための取り組み

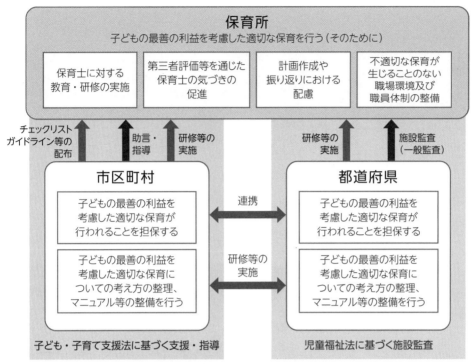

出典：キャンサースキャン「不適切な保育に関する対応について　事業報告書」（令和2年度子ども・子育て支援推進調査研究事業）2021年、9頁
https://cancerscan.jp/wp-content/uploads/2021/06/f29e3e0d816930e18686ba5d0661bf32.pdf（2023年3月6日確認）

等を通じた保育士の気づきの促進、③計画作成や振り返りにおける配慮、④不適切な保育が生じることのない職場環境および職員体制の整備、に取り組む必要があります。

　一方、市区町村および都道府県は、子どもの最善の利益を考慮した適切な保育が行われることを「担保」し、「考え方の整理、マニュアル等の整備を行う」ために、チェックリスト・ガイドライン等の配布、研修等の実施、助言・指導、監査を実施します。

2　職員の資質向上を図る取り組み

　前項で述べた不適切な保育を生じさせないために、職員の資質向上および職場環境改善等、運営に関わる取り組みについて「保育所保育指針」から考えてみましょう。

　保育所職員の資質向上について、「保育所内外の研修等を通じて、保育士・看護師・調理員・栄養士等、それぞれの職務内容に応じた専門性を高めるため、必要な知識及び技術の修得、維持及び向上に努めなければならない」（第5章1（1））と規定されています。具体的には図表15-6のように、職場内研修（第5章3（1））、外部研修（第5章3（2））、組織内での研修成果の活用（第5章4（2））につなげることにより、資質の向上を図

図表15-6　職場内外の研修とその活用

職場内研修		外部研修		組織内での研修成果の活用
主体的に学び合う姿勢と環境が重要であり、職場内での研修の充実が図られなければならない（「保育所保育指針」第5章3(1)「職場における研修」）。		関係機関等による研修の活用が有効であることから、必要に応じて、こうした外部研修への参加機会が確保されるよう努めなければならない（「保育所保育指針」第5章3(2)「外部研修の活用」）。	→	研修で得た知識及び技能を他の職員と共有することにより、保育所全体としての保育実践の質及び専門性の向上につなげていくことが求められる（「保育所保育指針」第5章4(2)「組織内での研修成果の活用」）。

出典：「保育所保育指針」の規定をもとに作成

ることとしています。

　「保育所等における保育の質の確保・向上に関する検討会　議論のとりまとめ（概要）」（厚生労働省、2020年）には、保育所等における保育の質の基本的な考え方として、「保育の質は、子どもが得られる経験の豊かさと、それを支える保育の実践や人的・物的環境など、多層的で多様な要素により成り立つ」と提示されています。また、保育の質をとらえるにあたり、「『子どもにとってどうか』という視点を基本とする・一定の水準で保障すべき質と実践の中で意味や可能性を追求していく質の両面がある・様々な文脈や関係性を考慮することに留意」するということがあげられています。

　つまり、保育の質として考えられる「子どもが得られる経験の豊かさ」を提供する保育環境は、「子どもにとってどうか」、すなわち、子どもの最善の利益が考慮されているかどうかという視点から問われるものであるといえます。

3　当事者主体の子ども家庭支援

　「子どもにとってどうか」という視点とは、保育を受ける当事者である子どもを中心に置いたとらえ方だといえます。つまり、保育によって子どもの最善な環境を保障できているかどうかは、その環境にいる子どもから表出される言動から理解することにほかならないということです。保育所および保育士による支援が、子どもの日々の安心・安全につながる支えになっているかどうかは子どもに聞いてみなければわからないということです。

　子育て支援についても「保護者にとってどうか」という視点を基本とするならば、保育所および保育士による支援が保護者の生活の支えになっているかどうかは、保護者に聞いてみなければわからないということです。言い換えれば、保育および子育て支援により最善の利益を保障するということは、支援を受ける当事者である子どもと保護者がみずからの困りごとを軽減していくことができるよう、保育士は子どもと保護者に寄り添いながら進めていくことが求められているのです。

図表15-7　OJTのPDCAサイクル

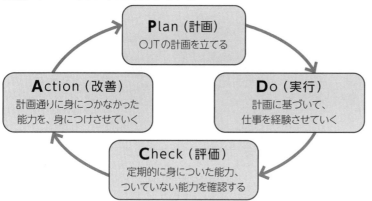

出典：川原慎也『これだけ！ PDCA──必ず結果を出すリーダーのマネジメント4ステップ』すばる舎リンケージ、2012年、51頁

　そこで、「子どもにとってどうか」「保護者にとってどうか」という視点から支援の質を振り返る方法として、施設内における人材育成であるOJT*を進めるPDCAサイクル*と、スーパービジョン*について取り上げます。

① OJTを進めるPDCAサイクル

　OJTリーダー（主任等）の指導のもと、OJT対象者（新任等）が、業務を遂行していくために、PDCAの管理サイクルを、仕事のマネジメントサイクルとして回していく取り組みです（図表15-7）。

　Plan（計画）＝OJTの計画を立てる→Do（実行）＝計画に基づいて、仕事を経験させていく→Check（評価）＝定期的に身についた能力、ついていない能力を確認する→Action（改善）＝計画どおりに身につかなかった能力を、身につけさせていく。

　OJTを進めるPDCAの管理サイクルを回していく過程で、OJTリーダーが、OJT対象者の支援の質の振り返り支えること、すなわち、言語化を支えることができるかが課題となります。このことは、スーパービジョンにも関連します。

② スーパービジョン

　OJTリーダーとOJT対象者との関係と同様に、スーパービジョンにおいては、スーパーバイザー（主任等）とスーパーバイジー（新任等）という関係により、人材育成につなげていきます。

　植田は、スーパービジョンのイメージについて、「スーパーバイジーは、スーパーバイザーからスーパービジョンを受けます。そして当事者への援助の質を向上させます。それらを可能にする体制をスーパービジョン体制といいます」と述べています（図表15-8）。

　また、スーパービジョンの3つの機能のうち、「教育的機能」により援助者を育てることについて、「学習の動機づけを高める」「知識・技術・価値を伝える」「理論と実践をつなぐ」という3つの観点から図表15-9にまとめています（植田、2015年、167頁）。

　今井は、質の高い保育について、①子どもの目に見えない育ち（発達過

重要語句

OJT

→「『OJT』とは『On the Job Training』の略で、直訳すれば、実務を通じた訓練であり、能力開発の方法のこと」（中尾、2010年、51頁）。

PDCAサイクル

→「Plan（計画を立てる）→Do（実行する）→Check（実行した計画を評価する）→Action（うまくいっていないところを改善する）というサイクルを回していくことで、これまで以上の成果を出すことができるという考え方」（川原、2012年、16頁）。

図表15-8　スーパービジョン体制

程）に対する理解と、その適切な保育が展開できること、②いかなる保護者とも連帯したいと願って、保育を展開すること、③職員間のチームワークで園の保育力を高めること、という３点をあげています。②については、「子どもの存在の意味を再発見していけるように語り合えること、言い換えれば『保護者と子どもの価値観を共有し合っていくこと』」が大切であり、「保護者とつながり合えなければ、保育士は子どもの育ちに関われないのです」と述べています。また、③については、「どの職員もそれぞれの立場で自己発揮し、それぞれの役割を意欲的に遂行し、考えの違いがあっても安心して意見が述べられる、いわゆるコミュニケーションが円滑であること」と述べています（今井和子編著『主任保育士・副園長・リーダーに求められる役割と実践的スキル』ミネルヴァ書房、2016年、4頁）。

　つまり、保護者と保育士がつながり合えていること、および保育士同士がつながり合えていることが、①の子どもに対する理解と適切な保育環境の提供につながっていくのだと考えられます。今井による「職員間のチームワークで園の保育力を高める」ために、「考えの違いがあっても安心して意見が述べられる、いわゆるコミュニケーションが円滑であること」を進めていくには、スーパービジョンの方法は効果的であるといえるでしょう。

　このように、重要な課題となる人材育成に取り組むためには、外部研修はもとより、施設内研修としてのOJTを可能にする体制を整えていくこと

図表15-9　援助者を育てる３つの観点

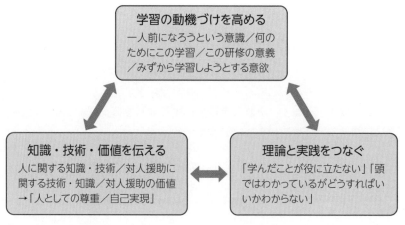

重要語句

スーパービジョン

→スーパービジョンには、「『支持的機能』『教育的機能』『管理的機能』」という３つの機能があり、「スーパーバイザーとスーパーバイジーの関係をスーパービジョン関係といい、同じ組織内の上司や教育係としての先輩がスーパーバイザーになる」ことがある（植田、2015年、162、166頁）。

が、課題となります。

お さ ら い テ ス ト ///

❶ 市町村は、[　　　　　]の設置及び[　　　　　]の整備に努めなければ
ならない。

❷ [　　　　　]相談対応件数のうち約9割が、[　　　　　]支援となって
いる。

❸ OJTを進める方法として[　　　　　]管理サイクルと[　　　　　]があ
る。

///

考えて、話し合ってみよう

- -

「子どもの権利条約」に基づく改善に向けた取り組みに関する日本の報告に対し、【児童の意見の尊重】について、「聴取される権利を児童が行使できるようにする環境を提供するとともに、(中略) 全ての児童が影響力を持つ形で参加することを積極的に促進するよう要請する」と、国連より勧告を受けました（国際連合「日本の第4回・第5回政府報告に関する総括所見」2019年）。

そこで、保育所における次の2つの具体的な場面から、【児童の意見の尊重】という子どもの権利を保障する必要性について考えましょう。

①各自、次の2つの場面を考えましょう。

場面1：子どもが、「保育士から意見や事情を聞かれる」＝「子ども自身が自分の考えや気持ちを保育士に伝える」

場面2：子どもの主体的な参加を促進するための取り組み

②グループ討議：各自が考えたことをもとに、【児童の意見の尊重】という子どもの権利を保障することの必要性について討議をしましょう。

演習課題

ロールプレイを行ってみよう

- -

　今井は、「主任・副園長はいつも職員一人ひとりがどのようにすれば自分の力を発揮することができるようになっていくかを考え、職員みんなの援助者であってほしいものです」（今井和子編著『主任保育士・副園長・リーダーに求められる役割と実践的スキル』ミネルヴァ書房、2016年、6頁）と述べています。これを踏まえて、田中主任が、森保育士にどのようなコミュニケーションをとればよいか、ロールプレイをとおして考えてみましょう。

田中主任：10年目
　森保育士が、元気がないようなのが気になっていますが、森保育士は、真面目で抱え込みすぎてしまうところがあり、ほかの保育士のようにみずから相談してくることはないと感じています。
森保育士：2年目、3歳児クラス担任
　友だちをたたき泣かせてしまうことが多いけんたくん（3歳）に対し、叱る（注意する）ことが多く、けんたくんへの関わり方はこのままでいいのか悩んでいますが、誰にも相談できないでいます。
観察者：2人のロールプレイを観察し、気づいたことをメモします。

① 3人組となり、役割を決めましょう。
②ロールプレイ：お互いに役割を交替しながら行いましょう。
③グループ討議：ロールプレイをとおして気づいたことを共有し、チームワークにおける主任の役割について話し合いましょう。

演習課題 の解答例

3コマ目の解答例

●35頁「個別・グループワーク」
①事例①
主な保育の専門性：関係構築　　　その他：遊びや生活援助
事例①は、次の保育相談支援の技術を使って展開された。
観察➡状態の読み取り➡伝達➡気持ちの代弁➡行動見本の提示
②事例②
保育の専門性：生活援助　　　その他：発達援助や関係構築
事例②は、次の保育相談支援の技術を使って展開された。
観察➡情報収集➡承認➡方法の提案と体験の提供➡解説と支持

7コマ目の解答例

●87頁「事例から考えてみよう」
①
・夫が突然病気になり倒れたこと。
・夫の病気の回復の見通しが不透明であり、今後の見通しがつかないこと。
・貯蓄がないため夫の治療費と家族の生活費を支払うことができず家計が破綻する可能性があること。
②
「病気になっても大丈夫ですよ。すぐによくなられますよ。」
波線部分が不適切な関わり(応答)である。なぜなら、母親からこれまでの様子の説明がなされていることに対して、根拠のない安易な励ましをしているからである。元気だった夫が、突然の病気になり倒れたことに対しての驚きとショックを受けている状況に対し、「思いもよらなかったのですね」などと応答する対応が適切である。母親の感情(思いもしなかった驚きとショック、病状とこれからお金が必要であろうという漠然とした不安)をまずは受け止めることが保育者として適切な関わり方である。

参考文献

1 コマ目

喜多一憲監修、堀場純矢編　『子ども家庭福祉』　みらい　2020年

中坪史典・山下文一・松井剛太・伊藤嘉余子・立花直樹編集委員　『保育・幼児教育・子ども家庭福祉辞典』　ミネルヴァ書房　2021年

2 コマ目

石動瑞代・中西遍彦・隣谷正範編集　『保育と子ども家庭支援論』　みらい　2020年

倉石哲也・大竹智編著　『子ども家庭支援』　ミネルヴァ書房　2020年

中坪史典・山下文一・松井剛太・伊藤嘉余子・立花直樹編集委員　『保育・幼児教育・子ども家庭福祉辞典』　ミネルヴァ書房　2021年

山縣文治・柏女霊峰編集委員代表　『社会福祉用語辞典[第9版]』ミネルヴァ書房　2013年

3 コマ目

柏女霊峰・有村大士・永野咲・橋本真紀・伊藤嘉余子・西村真実・高山静子ほか　「児童福祉施設における保育士の保育相談支援（保育指導）技術の体系化に関する研究(2)──保育所保育士と施設保育士の保育相談支援技術の抽出と類型化を中心に」『日本子ども家庭総合研究所紀要』　47　2010年　63-85頁

柏女霊峰・有村大士・永野咲・橋本真紀・伊藤嘉余子・西村真実・高山静子ほか　「児童福祉施設における保育士の保育相談支援（保育指導）技術の体系化に関する研究(3)──子ども家庭福祉分野の援助技術における保育相談支援の位置づけと体系化をめざして」『日本子ども家庭総合研究所紀要』　48　2011年　1-37頁

柏女霊峰・橋本真紀編著　『保育相談支援[第2版]』　ミネルヴァ書房　2016年

厚生労働省　『保育所保育指針』　フレーベル館　2017年

厚生労働省　『保育所保育指針解説』　フレーベル館　2018年

4 コマ目

柏木惠子・若松素子　「『親となる』ことによる人格発達──生涯発達的視点から親を研究する試み」『発達心理学研究』　5（1）　1994年　72-83頁

厚生労働省　『保育所保育指針』　フレーベル館　2017年

厚生労働省　『保育所保育指針解説』　フレーベル館　2018年

高橋種昭・高野陽・小宮山要・窪龍子・丹羽洋子　「小児の養育における父親の役割について　第3報」『平成3年度厚生省心身障害研究　地域・家庭環境の小児に対する影響に関する研究』　1992年

松本峰雄監修、増南太志編著　『障害児保育　演習ブック』　ミネルヴァ書房　2021年

無藤隆・岡本祐子・大坪治彦編　『よくわかる発達心理学[第2版]』　ミネルヴァ書房　2009年

5 コマ目

久木田純「概説／エンパワーメントとは何か」『現代のエスプリ』　376　1998年　10-34頁

厚生労働省　『保育所保育指針』　フレーベル館　2017年

厚生労働省　『保育所保育指針解説』　フレーベル館　2018年

住吉智子・脇川恭子・五十嵐真理ほか　「未就学児の保護者のメディア・リテラシーにおける基礎的情報能力に関する研究」『小児保健研究』　74（4）　2015年　498-505頁

髙井由起子編著　『子どもと家族をアシストする相談援助』　教育情報出版　2019年

中島千英子・永井由美子　「母親の育児情報源としてのSNS利用に関する調査」『大阪教育大学紀要』　68　2020年　41-49頁

6 コマ目

牛津信忠・星野政明・増田樹郎編著 『地域福祉論──新たなパートナーシップの形成のために』 黎明書房 2000年

小田兼三・杉本敏夫・久田則夫編著 『エンパワメント実践の理論と技法──これからの福祉サービスの具体的指針』 中央法規出版 1999年

グティエーレス、L.M.・パーソンズ、R.J.・コックス、E.O. ／小松源助監訳 『ソーシャルワーク実践におけるエンパワーメント──その理論と実際の論考集』 相川書房 2000年

マンツ、C.C.・シムズ、H.P.Jr. ／守島基博監訳、渋谷華子・蔡錫・喜多志保訳 『自律チーム型組織──高業績を実現するエンパワーメント』 生産性出版 1997年

和気純子 『高齢者を介護する家族──エンパワーメント・アプローチの展開にむけて』 川島書店 1998年

7 コマ目

久保紘章 『自立のための援助論──セルフ・ヘルプ・グループに学ぶ』 川島書店 1988年

重症児(者)ケアマネジメント従事者養成カリキュラム策定委員会・静岡県障害者支援局編 「重症心身障害児(者)ケアマネジメント従事者カリキュラム」 2011年

室田保夫編著 『人物でよむ近代日本社会福祉のあゆみ』 ミネルヴァ書房 2006年

八木誠一 『ふくろうのつぶやき──思想のショート・ショート』 久美出版 2005年

矢部健太郎監修 『超ビジュアル！ 日本の歴史大事典』 西東社 2015年

8 コマ目

外国人材の受入れ・共生に関する関係閣僚会議 「外国人材の受入れ・共生のための総合的対応策（令和4年度改訂）」 2022年 14頁 https://www.moj.go.jp/isa/content/001374803.pdf （2023年7月6日確認）

加藤悦雄 「社会から排除される子どもとソーシャル・インクルージョンの構想」 園田恭一・西村昌記編著 『ソーシャル・インクルージョンの社会福祉──新しい〈つながり〉を求めて』 ミネルヴァ書房 2008年

キューブラー・ロス、エリザベス／鈴木晶訳 『死ぬ瞬間──死とその過程について（改訂版）』 中央公論新社 2020年

公益社団法人チャンス・フォー・チルドレンホームページ 「子どもの貧困と教育格差」 https://cfc.or.jp/problem （2023年7月6日確認）

厚生労働省 「児童発達支援ガイドライン」 2017年 https://www.mhlw.go.jp/file/06-Seisakujouhou-12200000-Shakaiengokyokushougaihokenfukushibu/0000171670.pdf （2023年7月6日確認）

厚生労働省 『保育所保育指針解説』 2018年

厚生労働省 「働き方改革～一億総活躍社会の実現に向けて～」 2019年 https://www.mhlw.go.jp/content/000474499.pdf （2023年7月6日確認）

厚生労働省 「母子家庭等及び寡婦の生活の安定と向上のための措置に関する基本的な方針」 2020年

厚生労働省 「各自治体の多様な保育（延長保育、病児保育、一時預かり、夜間保育）及び障害児保育（医療的ケア児保育を含む）の実施状況について 状況の推移」 https://www.mhlw.go.jp/content/11900000/R4gaiyo.pdf （2023年7月6日確認）

厚生労働省 「児童福祉法等の一部を改正する法律の概要」 https://www.mhlw.go.jp/content/000991032.pdf （2023年7月6日確認）

園田恭一・西村昌記編著 『ソーシャル・インクルージョンの社会福祉──新しい〈つながり〉を求めて』 ミネルヴァ書房 2008年 187頁

内閣府 「仕事と生活の調和（ワーク・ライフ・バランス）憲章」 2010年

みずほ情報総研 「保育所における障害児保育に関する研究報告書」 2017年 https://www.mizuho-rt.co.jp/case/research/pdf/kosodate2017_03.pdf （2023年2月10日確認）

三菱UFJリサーチ＆コンサルティング 「外国籍等の子どもへの保育に関する調査研究報告書」（令和2年度子ども・子育て支援推進調査研究事業） 2021年 https://www.murc.jp/wp-content/uploads/2021/04/koukai

_210426_16.pdf（2023年2月10日確認）

山縣文治・柏女霊峰編 『社会福祉用語辞典［第9版］』 ミネルヴァ書房 2016年

9コマ目

環境省 「平成27年版 図で見る環境・循環型社会・生物多様性白書」 2015年

厚生労働省 『保育所保育指針』 フレーベル館 2017年

厚生労働省 『保育所保育指針解説』 フレーベル館 2018年

松本峰雄監修、増南太志編著 『障害児保育 演習ブック』 ミネルヴァ書房 2021年

無藤隆・岡本祐子・大坪治彦編 『よくわかる発達心理学［第2版］』 ミネルヴァ書房 2009年

10コマ目

厚生労働省 「市町村子ども家庭支援指針」（ガイドライン） 2021年

厚生労働省 「ひとり親家庭等向上事業実施要綱」 2022年

厚生労働省 「児童相談所運営指針」

厚生労働省 「児童扶養手当制度の概要」 https://www.mhlw.go.jp/content/000945592.pdf（2023年9月12日確認）

厚生労働省ホームページ 「特別児童扶養手当について」 https://www.mhlw.go.jp/bunya/shougaihoken/jidou/huyou.html（2023年9月12日確認）

厚生労働省ホームページ 「障害児福祉手当について」 https://www.mhlw.go.jp/bunya/shougaihoken/jidou/hukushi.html（2023年9月12日確認）

内閣府ホームページ 「児童手当て制度のご案内」 https://www8.cao.go.jp/shoushi/jidouteate/annai.html（2023年7月6日確認）

中坪史典・山下文一・松井剛太・伊藤嘉余子・立花直樹編集委員 『保育・幼児教育・子ども家庭福祉辞典』 ミネルヴァ書房 2021年

11コマ目

厚生労働省 「働き方改革を推進するための関係法律の整備に関する法律の概要」 2018年 https://www.mhlw.go.jp/content/000332869.pdf（2023年9月12日確認）

厚生労働省 「こども政策の新たな推進体制に関する基本方針のポイント〜こどもまんなか社会を目指すこども家庭庁の創設〜」 2022年 https://www.mhlw.go.jp/content/11920000/000980978.pdf（2023年9月12日確認）

内閣府 「仕事と生活の調和（ワーク・ライフ・バランス）憲章」 2010年

内閣府 「平成22年版 子ども・子育て白書」 2010年

内閣府 「子ども・子育て支援新制度について」 2019年 https://www8.cao.go.jp/shoushi/shinseido/outline/pdf/setsumei.pdf（2023年7月6日確認）

内閣府 『令和4年版 少子化社会対策白書』 2022年

内閣府・文部科学省・厚生労働省 「子ども・子育て支援新制度ハンドブック（施設・事業者向け）（平成27年7月改訂版）」 2015年 https://www8.cao.go.jp/shoushi/shinseido/faq/pdf/jigyousya/handbook.pdf（2023年3月1日確認）

内閣府・文部科学省・厚生労働省 「子ども・子育て支援新制度 なるほどBOOK（平成28年4月改訂版）」 2016年 https://www8.cao.go.jp/shoushi/shinseido/event/publicity/pdf/naruhodo_book_2804/a4_print.pdf（2023年3月1日確認）

12コマ目

秋田喜代美・松木理寿輝監修、東京大学大学院教育学研究科附属発達保育実践政策学センター・よちの保育園・こども園編著 『保育の質を高めるドキュメンテーション──園の物語りの探究』 中央法規出版 2021年

阿部和子 『子ども家庭支援論　子どもが子どもの生活をするために』 萌文書林 2020年

内閣府・文部科学省・厚生労働省 「子ども・子育て支援新制度　なるほどBOOK（平成28年4月改訂版）」 2016年 https://www8.cao.go.jp/shoushi/shinseido/event/publicity/pdf/naruhodo_book_2804/a4_print.pdf（2023年3月1日確認）

山本麻美 「学びの活動を振り返るためのドキュメンテーションと幼児の造形作品との関わりについて」『名古屋女子大学紀要』 64 2018年 387-395頁

13コマ目

阿部和子 『子ども家庭支援論──子どもが子どもの生活をするために』 萌文書林 2020年

厚生労働省 都道府県労働局雇用環境・均等部（室） 「男女雇用機会均等法のあらまし」 2022年

内閣府・文部科学省・厚生労働省 「子ども・子育て支援新制度　なるほどBOOK（平成28年4月改訂版）」 2016年 https://www8.cao.go.jp/shoushi/shinseido/event/publicity/pdf/naruhodo_book_2804/a4_print.pdf（2023年3月1日確認）

日本労働組合総連合会 「男性の家事・育児参加に関する実態調査2019」 2019年 https://www.jtuc-rengo.or.jp/info/chousa/data/20191008.pdf?35（2023年8月8日確認）

14コマ目

奥田知志・原田正樹編 『伴走型支援──新しい支援と社会のカタチ』 有斐閣 2021年

厚生労働省 「子ども虐待対応の手引き（平成25年8月改訂版）」 2013年

厚生労働省 「要保護児童対策地域協議会設置・運営指針」 2021年

厚生労働省 「子ども虐待による死亡事例等の検証結果等について（第18次報告）の概要」 2022年 https://www.mhlw.go.jp/content/11900000/01.pdf（2023年7月6日確認）

厚生労働省 「たたかれていい子どもなんて、いないんだよ。（令和3年度）」（パンフレット） https://www.mhlw.go.jp /no-taibatsu/assets/pdf/kodomo_kenri_pamphlet_A4.pdf（2023年7月6日確認）

15コマ目

今井和子編著 『主任保育士・副園長・リーダーに求められる役割と実践的スキル』 ミネルヴァ書房 2016年

植田寿之 『日常場面で実践する対人援助スーパービジョン』 創元社 2015年

川原慎也 『これだけ！ PDCA──必ず結果を出すリーダーのマネジメント4ステップ』 すばる舎リンケージ 2012年

キャンサースキャン 「不適切な保育に関する対応について 事業報告書」（令和2年度子ども・子育て支援推進調査研究事業） 2021年 https://cancerscan.jp/wp-content/uploads/2021/06/f29e3e0d816930e18686ba5d0661bf32.pdf（2023年7月6日確認）

厚生労働省 「社会保障審議会 児童部会 新たな子ども家庭福祉のあり方に関する専門委員会報告（提言）」 2016年

厚生労働省 「新しい社会的養育ビジョン」 2017年 https://www.mhlw.go.jp/file/05-Shingikai-11901000-Koyoukintoujidoukateikyoku-Soumuka/0000173888.pdf（2023年7月6日確認）

厚生労働省 「保育所等における保育の質の確保・向上に関する検討会　議論のとりまとめ（概要）」 2020年 https://www.mhlw.go.jp/content/000647605.pdf（2023年7月6日確認）

厚生労働省 「児童福祉法の一部を改正する法律（令和4年法律第66号）の概要」 2022年

厚生労働省 「保育所等における要支援児童等対応推進事業実施要綱」「多様な保育促進事業の実施について（別添8）」 2021年

国際連合 「日本の第 4 回・第 5 回政府報告に関する総括所見」 2019年

中尾ゆうすけ 『これだけ！ OJT──どんな部下も戦力に変わる「計画」「行動」「コミュニケーション」のポイント』 すばる舎リンケージ 2010年

日本看護協会健康政策部保健師課編 『保健師のためのポピュレーションアプローチ必携──わかる、できる』 日本看護協会 2018年

索 引

監修者、執筆者紹介

●監修者

松本峰雄（まつもと　みねお）
元千葉敬愛短期大学現代子ども学科教授
『保育者のための子ども家庭福祉』（萌文書林）
『教育・保育・施設実習の手引』（編著・建帛社）
『はじめて学ぶ社会福祉』（共著・建帛社）

●執筆者（50音順）

大野地平（おおの　ちへい）
第1章1、2コマ目を執筆
聖徳大学短期大学部保育科准教授
『貧困に対する支援』（共著・みらい）
『保育士をめざす人のための施設実習ガイド』（共著・みらい）

我謝美左子（がじゃ　みさこ）
第2章8コマ目、第3章10、11コマ目、第4章14、15コマ目を
執筆
江戸川大学メディアコミュニケーション学部こどもコミュニケー
ション学科准教授
社会福祉士　精神保健福祉士　保育士
『輝く子どもたち　子ども家庭福祉論（第2版）』（共著・みらい）
『保育士をめざす人のための施設実習ガイド』（共著・みらい）

小山朝子（こやま　あさこ）
第4章12、13コマ目を執筆
和洋女子大学人文学部こども発達学科准教授
『講義で学ぶ乳児保育』（編著・わかば社）
『よくわかる！　保育士エクササイズ8　子どもの理解と援助
演習ブック』（共著・ミネルヴァ書房）

遠田康人（とおだ　やすひと）
第2章6、7コマ目を執筆
成田国際福祉専門学校保育士学科専任講師
『四訂　子どもの福祉──子ども家庭福祉のしくみと実践』（共
著・建帛社）
『はじめて学ぶ社会福祉　改訂』（共著・建帛社）

野澤純子（のざわ　じゅんこ）
第2章3～5コマ目、9コマ目を執筆
國學院大學人間開発学部子ども支援学科教授
公認心理師　臨床発達心理士　保育士
『よくわかる障害児教育』（共著・ミネルヴァ書房）
『こうすればうまくいく！　医療的配慮の必要な子どもの保育』
（共著・中央法規出版）

12コマ目、13コマ目の写真協力園
・社会福祉法人緑伸会　加賀保育園
・社会福祉法人青柳保育会　中野打越保育園

編集協力：株式会社桂樹社グループ
表紙イラスト：植木美江
イラスト：植木美江、寺平京子
装丁・デザイン：中田聡美

よくわかる！保育士エクササイズ⑫

子ども家庭支援論 演習ブック

2023 年 12 月 15 日　初版第 1 刷発行　　　　　〈検印省略〉

定価はカバーに
表示しています

監 修 者　松本峰雄

著　　者　大野地平
　　　　　我謝美左子
　　　　　小山朝子
　　　　　遠田康人
　　　　　野澤純子

発 行 者　杉田啓三

印 刷 者　藤森英夫

発行所　株式会社　ミネルヴァ書房
607-8494　京都市山科区日ノ岡堤谷町 1
電話代表　(075) 581 - 5191
振替口座　01020 - 0 - 8076

ISBN978-4-623-09616-9

Printed in Japan

よくわかる！
保育士エクササイズ

B5判／美装カバー

ミネルヴァ書房
https://www.minervashobo.co.jp/